Mit Sea Cloud auf See

Mit Sea Cloud auf See

Bordleben und Reiseeindrücke
gezeichnet von Kurt Schmischke
mit Texten von Kurt Grobecker

Mit Sea Cloud auf See

Zur Erinnerung

Passagier _____

Leinen los

Festgemacht

_____
Der Kapitän

Inhalt

Vorwort 6

Kurt Schmischkes Zeichnungen
der ersten Reise 9

Kurt Grobeckers Notizen
der ersten Reise 47
Erster Tag 47
Zweiter Tag 52
Dritter Tag 57
Vierter Tag 62
Fünfter Tag 68
Sechster Tag 72
Siebenter Tag 77
Achter Tag 81
Neunter Tag 89

Kurt Schmischkes Zeichnungen
der zweiten Reise 91

Zeittafel 122

Vorwort

Kleine Liebeserklärung an eine große Schiffsdame

Wieviele Metaphern haben wortgewaltige Dichtersleute für die Schönheit der See gefunden – wieviele Beschreibungen ihres Zaubers – wieviele Charakterisierungen ihrer verführerischen Geheimnisse – wieviele bewundernde Hymnen auf ihre Urkraft haben sie gesungen und wieviel Respekt haben sie uns eingeflößt vor der unberechenbaren Zerstörungswut des Meeres!

Aber nur selten hat eine Laudatio auf das großartigste aller Naturereignisse uns ins Bewußtsein zu heben versucht, was der vollkommenen Ästhetik des Meeres ihren letzten Glanz gibt, was gewissermaßen den Schaumkronen die Krone aufsetzt: Es ist der zur Form gewordene menschliche Erfindergeist mit seinem Anspruch, über das Meer hinweg zu neuen Ufern aufzubrechen; es ist die Kunst der Schiffbauer, die in den großen Rahseglern ihren Höhepunkt fand.

Die symbiotische Harmonie zwischen der See und dem sie bezwingenden Medium läßt sich auf vielfältige Weise erfahren. Aber kaum jemals wird sie sich einem eindrucksvoller offenbaren als angesichts der SEA CLOUD, jener „Legende unter weißen Segeln", die wie keine andere als Privatyacht gebaute Viermastbark die Phantasie anregt. Die Phantasie der Schiffbauer ebenso wie die der Shiplover, die des Gesellschaftskolumnisten nicht weniger als die des Historikers. Und sie ganz besonders!

Was die SEA CLOUD als erregende Biographie in die Waagschale der Schiffahrtsgeschichte zu werfen hat, übertrifft alles, was es aus der Welt der glamourösen Rahsegler zu berichten gibt:

Mit Sea Cloud auf See

Gebaut als Luxusspielzeug einer unermeßlich reichen amerikanischen Erbin, hat das Schiff spektakuläre gesellschaftliche Auftritte erlebt. Zufällige und sorgsam inszenierte. Berichtenswerte und solche, die man lieber in den Mantel verschämten Schweigens hüllen sollte – hätten nicht gerade sie einen so hohen Unterhaltungswert, der ein wenig Neugier so menschlich-sympathisch macht!

Als diplomatisches Parkett eines ständig seekranken Diplomaten hat die SEA CLOUD auch in dieser Rolle ihre Frau gestanden und die Welt der großen Politik um manch eine Anekdote bereichert.

Als Wetterschiff und Patrouillenboot der US Coast Guard hat sich die SEA CLOUD militärische Ehren erworben, wenn auch nicht solche, wie sie ihr eine verklärende Marineromantik gelegentlich anzuhängen versuchte.

Als Staatsyacht einer der korruptesten Diktatorenfamilien von einer liebenswerten Karibikinsel hat die SEA CLOUD die zweifelhafte Karriere eines schwimmenden Bordells und Goldtransporters für gestohlene Staatsgüter gemacht. Sie war ein „floating funhouse", wie es die Amerikaner mit ihrem untrüglichen Gespür für griffige Formulierungen nannten.

Als schwimmendes College hatte man der SEA CLOUD die Aufgabe zugedacht, den akademischen Nachwuchs vor dem Wind des Lebens den des wirklichen Lebens auf See spüren zu lassen. Aus der Sache konnte nichts werden, weil der wirtschaftliche Gegenwind stärker war als das laue Lüftchen eines guten Willens.

Beschäftigungslos und heruntergekommen hat die SEA CLOUD an der Einfahrt zum Panamakanal wie eine verwunschene Prinzessin darauf gewartet, von einem Prinzen mit Patent aus ihrem Dornröschenschlaf erweckt zu werden. Der Märchenprinz, der eines Tages tatsächlich von ihr Besitz ergriff, um sie im wahrsten Sinn des Wortes „heimzuführen", war unrasiert und hatte schwarze Ränder unter den Fingernägeln. Aber welche sturmerprobte Schönheit würde sich schon einem Abenteurer widersetzen, wenn es doch ihre allerletzte Chance ist?

Der Märchenprinz mit dem Seeräubercharme und dem Talent, eine bunt zusammengewürfelte Mannschaft an das Unglaubliche glauben zu lassen und sie bis zur Selbstaufgabe zu motivieren, hat die SEA CLOUD nach Hamburg gebracht, ein paar Meilen von dem Platz entfernt, auf dem die Viermastbark 1931 vom Helgen in ihr Element geglitten ist. Und der Märchenprinz hat nicht etwa sieben tapfere Schneiderlein, sondern neun (auch ziemlich tapfere, aber obendrein noch recht gut betuchte) Hamburger Kaufleute dazu gebracht, der inzwischen in die Jahre gekommenen Schiffsdame eine Verjüngungskur zu spendieren und sie so auszustatten, daß die einstmals aufsehenerregendste Privatyacht zu einem nicht weniger aufsehenerregenden Kreuzfahrtschiff mutieren konnte.

Aber auch das ist schon wieder Vergangenheit!

Seit 1994 haben die neuen Eigner Hermann Ebel und Harald Block die SEA CLOUD fest im Griff. Und die beiden Hamburger dürfen sich das

Vorwort

Kompliment auf ihre Fahne heften, dem schönsten, geschichtsträchtigsten, elegantesten, aufregendsten und bewunderungswürdigsten Kreuzfahrtschiff unter Segeln eine auch wirtschaftlich gesicherte Zukunft gegeben zu haben.
Die SEA CLOUD verdient es!

Und sie verdient die Zuneigung derer, die sich ein Fünkchen Respekt vor den Leistungen einer unübertrefflichen Schiffbaukunst bewahrt haben. Vor allem aber verdient sie die Liebe all jener, die es zu schätzen wissen, wenn sich ein lebendiges Wesen - und das sind Schiffe immer! - nicht nur gegen die Strömungen der See zu behaupten weiß, sondern auch gegen die der Zeit.

In diesem Sinn ist das „Skizzenbuch der SEA CLOUD" nicht ein schlichter Report einer siebentägigen Reise durch das westliche Mittelmeer, sondern eine Liebeserklärung.

Daß gleich zwei Verehrer der SEA CLOUD gleichzeitig an dieser Liebeserklärung gestrickt haben, jeder auf seine Art und mit seinen Mitteln, mag der Schiffsdame schmeicheln. Denn auch hier gilt das gegen alle Regeln der Arithmetik verstoßende Gesetz: Geteilte Liebe ist doppelte Liebe!

Kurt Schmiscke, Marinemaler
Kurt Grobecker, Autor

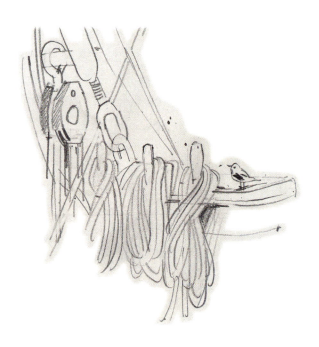

Mit Sea Cloud auf See

1000 Seemeilen von Neapel nach Motril

... es begann in Neapel ...

Auf der Fahrt
mit der Sea-Cloud
Wolkenbänke über dem Vesuv

Neapel - 17. X. 1996
Donnerstag

Am Yachthafen Neapel

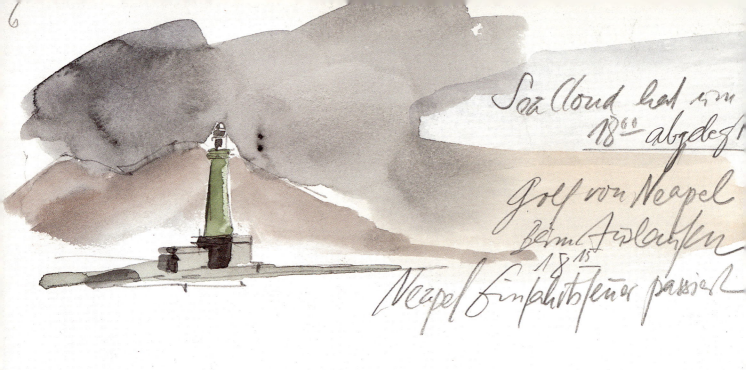

18.V Gestern Nacht:
Ponza gheba
4⁴⁶

Ruderstand

Avelino

10⁰⁰ Manöver mit Rettungswesten und
Zuweisung der Boote für Passage

auf Backbordbug
Kurs Sardinien

Samstag
19.1.

210 Seemeilen von Neapel
30° Temp.
9/20
Sea-Cloud auf Position N 39° 58,8
E 10° 12,2
14:50
Ausab Arbeiter auf
Sardinien 22 Meilen
Capo Bellavista

An der Bar ½ nnn 23:00   17

Nachmittags-Siesta
auf dem
Boots-Deck
25

20.X.
Sonntag
Sea Cloud in Alicia fest 8⁰⁰
Kein Wind
wolkenloser Himmel – warm

Brigitte putzt Kompass-Haus
(Norwegen)

Auf der Pier in Olbia

Lotsenfender Olbia

Schlepper "Impetuoso"

Das Lotsenboot hat außenbords weiße Rollenfender

Am Montag
21.X.   8⁰⁰ Segel setzen
bis etwa 10³⁰
 läuft „Sea Cloud" 11 Knoten

Gestern etwa 21⁰⁰ durch die Straße von Bonifacio
Wind Nord West 7 Beaufort
12⁰⁰
Pos. N 41° 10.9
    E 7° 21.3
  10³⁰ wieder unter Maschine

Segel werden festgemacht

Groß-Untermars

35

Dienstag 22.X. morgens Menorca
Die Einfahrt keine zum Hafen Mahon

Addaija
Porto Adaglia 10³⁰

Hibiscus

An der Pier im Hafen Mahón

Feuer I. del Aire passiert 18:00

Tagwache auf dem Vorschiff

Mittwoch 23.X   681 Seemeilen von Neapel
9³⁰ Mann über Bord-Manöver!

Der Kapitän

Boje aufgefischt
16 Minuten

Gelber Haltuch
Schwarze Weste

13:00 "Sea Cloud" Fest
auf Ibiza
An der Pier musiziert
und tanzt eine
Folklore-Gruppe
zur Begrüßung

rote Schärpe

blau

schwarz

Am Donnerstag 21.X. morgens wurden nicht Segel gesetzt

N 37•12
W 0 •8,4

12•4•

9553 von Neapel
Seemeilen
5 Knoten

im Hospital

Avdino

Erster Tag

„Ist aber ja kein Halten mehr, so segle mit geneigtem Winde"
(Günther bei Steinbach)

Die schmutzigste, lauteste, kriminellste, von Hektik und Autoabgasen überlagerte, unvergleichlich stimmungsvolle, romantische, sangesfreudige, kulturbetonte Provinzmetropole mit ihren verkommenen Palästen und über ein halbes Tausend Kirchen, dieses nervöse, temperamentvolle, sinnliche und die Sinne verwirrende Bella Napoli entläßt uns in eine Oase der Beschaulichkeit: Die an der Steuerbordseite der SEA CLOUD angelegte Gangway ist die Brücke in eine andere Dimension, der Wegweiser in eine Welt, in der andere Werte gelten als die des geschäftigen Alltags, eine Welt, in der die Seele Ballast abwirft und sich dem Wind anvertraut, der auch unserem Schiff den Weg weist.

In der kleinen, urgemütlichen Kabine, unser edelholzverkleidetes und marmorglänzendes Refugium für die nächsten Tage, erklingt zur Begrüßung Tschaikowskis „Blumenwalzer". Vielleicht ein bewußt gewähltes Kontrastprogramm zu der nicht allzu optimistisch stimmenden Wetterprognose. Für die kommende Nacht verspricht sie Wind Südwest vier bis fünf, was zumindest ängstliche Gemüter die Frage aufwerfen läßt, ob das Meer denn überhaupt Vertrauen verdient.

Und das Schiff?

Ganz ängstliche Gemüter wissen, was der Aberglaube der Fahrensleute von alters her zu überliefern wußte: daß die Namensänderung eines Schiffes dieses ins Unglück stürze. Ist nicht die SEA CLOUD einst als „Hussar" vom Stapel gelaufen, und haben nicht seitdem die Namen „Angelita", „Patria", „Antarna" und sogar das unpersönliche Kürzel „WPG 18" den Bug geziert, bevor das Schiff wieder zu seinem Namen SEA CLOUD zurückfand?

Runde 65 Jahre Wasser unter dem Kiel sind eine eindrucksvolle Widerlegung seemännischen Aberglaubens. Schließlich hat sich auch eine andere, eine amerikanische, Unglücksprophezeiung ja nicht erfüllt: Weil der US-Marine nacheinander die „Suwanee", die „Sacramento", die „Saranac" und die „San Jacinto" verlorengegangen waren, behaupteten die Kassandras unter dem Sternenbanner, ein mit einem „S" beginnender Schiffsname lenke alles Unglück der Weltmeere auf sich. Alles „Spökenkraam", wie man an der Küste zu sagen pflegt!

Und weil die SEA CLOUD allen dämonischen Mächten bisher so überzeugend widerstanden hat, wollen wir auch der ersten Nacht mutig entgegensehen.

Die beiden Schlepper „Vesuvio" und „Almuri" haben unsere SEA CLOUD inzwischen behutsam von der Pier gezogen und an der schützenden Mole vorbeigeleitet. Von Westen hier ziehen dichte Wolken hastig über uns hinweg und verschmelzen mit der Silhouette des Vesuvs zu einer düsteren Wand.

Auf dem Lido-Deck, wo Tom am Synthesizer Maritimes und Swingiges aus dem Handgelenk schüttelt, werden bei einem Gin-Tonic – oder für weniger Trinkfeste die süßliche, angeblich gegen Seekrankheit wirksame Ingwerbrause „Smooth

Erster Tag

Sailing" – die ersten Bekanntschaften geschlossen und das Bordvolk sogleich in jene eingeteilt, die man auf Anhieb sympathisch findet, und jene, die man nicht zu mögen beschließt.

Zu den liebenswertesten Mitseglern dieser Reise gehört ein Mann, dessen Name bei allen Freunden von Rahseglern einen mehr als guten Klang hat, und dessen Engagement für die großen Ereignisse rund um die Tall ships auch hartgesottenen Segelfreaks (um es in ihrer Sprache zu sagen) den „blanken Hans" in die Klüsen steigen läßt: Frank O. Braynard, Direktor der „Fire Island Lighthouse Preservation Society, Inc." kümmert sich keineswegs nur um baufällige Leuchttürme.
Internationale Anerkennung hat er sich mit seinen großen Windjammertreffen in New York erworben; denn diese „Sails" auf dem Hudson haben Maßstäbe gesetzt und wurden zum Vorbild für solche Nostalgietreffen in aller Welt.
Natürlich hat Frank reichlich Videos im Gepäck; denn wo könnte er für seine Vorträge ein offeneres Publikum finden als an Bord der SEA CLOUD?

Mit wem ließe sich besser über die Besonderheiten und die Ästhetik einer hochkarätigen Luxusyacht plaudern als mit diesem kleinen, drahtigen Mittachtziger, der in seiner Jugendzeit noch die vielbstaunten Flying-P-Liner von Laeisz erlebt hat? Und der im Laufe seines langen Lebens so viel dazu beigetragen hat, daß diese faszinierende und liebenswerte Spezies der Weltmeere nicht ausgestorben ist und die Erinnerung an sie wachgehalten wird.

Als dieses Schiff 1931 auf der Germania-Werft in Kiel gebaut wurde, war schon der Abgesang der großen Rahsegler eingeläutet. Aber das technische Know How, das man für den Bau solcher Schiffe benötigte, war bei der 1902 von der Firma Krupp übernommenen Werft mit vielen Aufträgen gewachsen. Das Haus Krupp hatte nicht nur seine eigenen Luxusyachten hier bauen lassen, sondern auch die Rennyachten Kaiser Wilhelms II. auf Kiel gelegt.

Für die statusbewußte amerikanische Millionenerbin Marjorie Merriweather Post, die nicht nur über das Riesenvermögen ihres Vaters verfügte, sondern die mit Edward Hutton auch noch einen der reichsten amerikanischen Börsenmakler geheiratet hatte, war die Werft, auf der auch die Hohenzollern bauen ließen, gerade die rechte Adresse. Technik vom Feinsten war angesagt: Ein Hilfsantrieb mit 2.700 Pferdestärken signalisierte, daß sich die Auftraggeber nicht auf die Unwägbarkeiten meteorologischer Zufälle zu verlassen gedachten. Es gehörte zum Markenzeichen reicher amerikanischer Familien, nicht nur standesgemäß-luxuriös zu reisen, sondern auch schnell an das Ziel seiner Sehnsüchte zu gelangen. Mit ihrem Hilfsantrieb konnte die Yacht den Ozean auch bei Flaute mit stolzen 14 Knoten durchpflügen. Noch nicht als SEA CLOUD; denn diesen Namen erhielt die als „Hussar" vom Stapel gelaufene Viermastbark erst, als sich Marjorie von ihrem Ed (der übrigens schon Ehemann Nummer Zwei war), scheiden ließ, um der Nummer Drei in die Arme zu sinken.

Zunächst verlebten die beiden zusammen mit ihrer Tochter, die später als Dina Merrill Schauspielerinnen-Karriere machte, ein paar schöne Jahre auf ihrer Yacht.

Mit Sea Cloud auf See

Merriweather war kokett genug, Freunden gegenüber zu bemerken, sie sei keineswegs die reichste Frau der Welt. Aber sie sei die einzige mit der Fähigkeit, ihr Geld durch geschickte Transaktionen unablässig zu vermehren. Wie weit ihr Mann ihr dabei zur Hand ging, sagte sie nicht. Aber Edward Francis Hutton galt als einer der geschicktesten Finanzjongleure der Wall Street.

Daß er es sich leisten konnte, mehr Zeit auf der „Hussar" zu verbringen als in seinem New Yorker Büro, verdankte er seiner Begeisterung für technische Innovationen (was ihm nicht nur beim Bau der „Hussar" zugute gekommen war), und der Fähigkeit, diese technischen Neuerungen für sein Business zu nutzen. Als erster Börsenmakler der Welt hatte er einen telegrafischen Auftragsdienst eingeführt. Diese Idee ermöglichte es ihm, seine Geschäfte von Bord aus zwischen irgendeinem Prominentenempfang (den seine Frau mit leidenschaftlichem Engagement arrangiert hatte und mit wechselnden Besetzungen immer wieder aufs neue arrangierte) und den für ihn sportlich gemeinten (für sein Opfer aber tödlichen) Kampf mit einem Riesenrochen abzuwickeln.

Niemals ist bekanntgeworden, wieviel Geld die Post-Huttons für ihre „Hussar" ausgegeben haben. Es war ja eine krisengeschüttelte Zeit, in der man nicht gern zeigte, was man hatte, um nicht den Neid der von der Rezession bedrängten Zeitgenossen zu erregen. Was da in Kiel als größte private Segelyacht vom Stapel gelaufen war, hatte ja ohnehin schon genug Schlagzeilen gemacht. Zum Beispiel, als bekannt wurde, daß Marjorie in Brooklyn ein riesiges Lagerhaus angemietet hatte, in dem sie die Luxuskabinen originalgetreu nachbauen ließ, um für ihre für dieses Projekt zusammengekauften Antiquitäten die geeigneten Plätze zu finden. Nicht weniger schlagzeilenträchtig war die Schließung eines in Kiel sehr populären Tanzsaals für mehrere Wochen, weil sonst nirgendwo in der Stadt so große Flächen zur Verfügung standen, auf denen die Segelmacher die riesigen Segel zuschneiden und nähen konnten.

Im Gegensatz zu seiner Frau, die in solchen Dingen sorgloser war und sich an den Leitspruch eines Freundes hielt, wer nach dem Preis einer Luxusyacht frage, habe kein Recht, eine zu besitzen, war Edward Hutton in solchen Dingen sensibler. Er scheint gespürt zu haben, daß sein spektakulärer Yachtneubau zu Beginn der dreißiger Jahre nicht nur Bewunderung, sondern mitten in der wirtschaftlichen Depression auch Unbehagen hervorrufen konnte und beeilte sich, die Welt wissen zu lassen, immerhin sichere ein solches Luxusobjekt auch Arbeitsplätze. Er habe schließlich innerhalb von fünf Monaten allein für Löhne und Ausrüstung etwa einhunderttausend Dollar ausgegeben. Und das zu einer Zeit, als der Dollar noch mehr wert war als heute.

Wer heute seinen Fuß auf die Planken der SEA CLOUD setzt, wird nicht daran zweifeln, daß diese Viermastbark von Anfang mehr war als nur eine gute Kapitalanlage: Sie war ein Bekenntnis zu einer Epoche der Seefahrt, in der Großsegler als rentable frachttragende Transportmittel längst ausgedient hatten. Die wenigen, die sich noch in Fahrt befanden - unter ihnen die „Passat" und die später so tragisch zugrunde gegangene „Pamir" – führten ein Leben auf Abruf; denn sie waren

Erster Tag

längst nicht mehr wirtschaftlich einzusetzen. Als Luxusyachten aber hatte ihre Zukunft gerade erst begonnen. Und wir dürfen heute erleben, daß sie mehr denn je den maritimen Abenteuerdrang beflügeln. Nicht mehr als Luxusspielzeuge einiger weniger, sondern als aufsehenerregende Kreuzfahrtschiffe im Mittelmeer und in der Karibik. Wir erleben sogar eine wundersame Vermehrung dieser stolzen Großsegler. Auch die SEA CLOUD wird in naher Zukunft ein Schwesterschiff haben, das 1999 auf seine Jungfernfahrt gehen wird.

Die „Sea Cloud II" wird ohne Frage ein attraktives Schiff werden. Nur in einem Punkt wird sie nicht mit ihrer älteren Schwester konkurrieren können: Der Charme der Geschichte, der prickelnde Reiz, den ein weibliches Wesen mit viel Erfahrung ausübt, das Faszinosum einer die Neugier weckenden Vergangenheit, der atemberaubende Duft der großen Welt, der sich auf diesem Schiff einst mit dem Geruch von Salzwasser, Tang und Teer vermischt hat, und der immer noch als verheißungsvolles Geheimnis aus einer anderen Welt die Masten zu umwehen scheint - dies alles ist einmalig und nicht reproduzierbar.

Auch wenn seit den Zeiten der Posts und Huttons auf der SEA CLOUD einiges nicht beim alten geblieben ist, auch wenn zusätzliche Decksaufbauten die Linien des Schiffes verändert haben, auch wenn natürlich ein großer Teil der Antiquitäten, die Marjorie in der Euphorie und in der Vorfreude auf ihr Spielzeug in USA und Europa zusammengekauft und mit bemerkenswerter Unbekümmertheit und ohne Rücksicht auf stilistische Kriterien in den Schlafräumen und Salons zusammengeballt hat, auch wenn es die vielzitierten massiv-goldenen Wasserhähne nicht mehr gibt, die Marjorie nur deshalb ausgewählt hatte, weil ihr glaubhaft versichert worden war, sie seien pflegeleichter als solche aus Messing - seine Identität hat dieses Wunder der Schiffbaukunst und Meisterwerk der Schiffsästhetik niemals aufgegeben.

Es sind noch dieselben Planken, über die einst königliche Füße hoheitsvoll geschritten sind, es sind dieselben stets blankgeputzten Messingbeschläge, auf denen manch ein dollarmillionenschwerer Mogul seine Fingerabdrücke hinterlassen hat (die allerdings bei der nächsten Rein-Schiff-Aktion spätestens am darauffolgenden Morgen weggewienert wurden), es sind dieselben Nagelbänke, auf denen das Tauwerk sorgfältig geordnet auf seinen nächsten Einsatz wartet, es ist noch derselbe Wind, der sein Lied im Tauwerk des Riggs erklingen läßt: ein vieltöniger Akkord, der heute, an unserem ersten Abend auf der SEA CLOUD, seine Geschichten von den Geheimnissen der See mit mehr Nachdruck erzählt und der kräftiger in die Saiten der Takelage greift als man das bei Schönwetterfahrten gewohnt ist.

Vier bis fünf Beaufort aus Südwest meldet die Brücke. Das ist natürlich viel zuwenig, um die unter Maschinenkraft laufende gute alte SEA CLOUD in Verlegenheit zu bringen. Aber es ist ausreichend, um die blauen Sonnensegel über dem Lidodeck wild flattern zu lassen. Und es ist allemal genug, um uns einen kleinen Vorgeschmack auf die bevorstehende Reise zu geben und den einen oder anderen der Passagiere einen besorgten Blick über das Achterschiff mit der zerzausten Malta-Flagge hinweg himmelwärts zu richten.

Mit Sea Cloud auf See

Der dunkel-türkisfarbene Himmel ist bemüht, sich hinter drohenden Wolkenfetzen zu verstecken, was ihm mit vorrückender Stunde immer besser gelingt. Nur manchmal noch blitzt dieses seltsame Farbenspiel durch ein Wolkenloch hindurch. Noch nie, so gesteht uns der Kapitän, habe er einen so intensiven green flash erlebt.

Und dann blitzt es plötzlich tatsächlich: Kaum ist die SEA CLOUD von der Steuerbord achteraus liegenden Insel Iscia so weit entfernt, daß Leuchtzeichen nicht mehr zu erkennen sind, da zucken Blitze aus den Wolken, und das Grollen des Donners mischt sich in das rhythmische Aufschäumen der See und in das Poltern der Sonnensegel, die ein schützendes Zelt über das Lidodeck und seine Bar als dem gesellschaftlichen Mittelpunkt der SEA CLOUD legen.

Simon, der sympathische polnische Barchef, immer fröhlich und über alles an Bord bestens informiert – insofern zu recht vom Kapitän in den Rang einer lebenden Bordzeitung befördert – bleibt von alldem unberührt. Er hat, läßt er uns während der Zubereitung einer Bloody Mary wissen, die drei kräftige Seebären umhauen könnte, in seinen fast 15 Jahren auf der SEA CLOUD schon anderes erlebt. Zum Beispiel kürzlich die Sturmfahrt in der Ägäis, wo das Schiff unter Segeln stolze neun Knoten gemacht hat! Vielleicht, so deutet er vielsagend an, werden wir in ein solches Abenteuer auch noch hineinsegeln. Die Wettervorhersage läßt hoffen! Für diesen Fall empfiehlt Simon eine oder zwei „Apotheken", ein teuflisches Gebräu aus Fernet Branca und Pfefferminzlikör. Gegen Seekrankheit hilft das eigentlich auch nicht, weil gegen sie kein Kraut gewachsen ist. Aber der reichliche Genuß dieses Getränks, so hat Simon gelernt, mache gleichgültig gegen alle Mißhelligkeiten dieses Lebens. Und so empfiehlt er ihn auch der Dame Doris aus Essen, deren Koffer irgendwo auf der Flugstrecke zwischen Mailand und Neapel abhandengekommen ist und nun von unserem Schiffsagenten nach Sardinien gebracht werden muß.

Doris, die an diesem Abend noch nicht so recht von der Ruhrpott-Landratte zur zünftigen Segelkameradin herangereift ist und ziemlich blaß aussieht, steht nachdenklich an der Reling und hat sich noch nicht entschieden, was sie mehr beunruhigen soll: drei Tage ohne all jene Accessoires, derer eine Frau auf einem Kreuzfahrtschiff so dringend bedarf, oder der sichtbar und bedrohlich zunehmende Seegang.

Ein Passagier, Journalist seines Zeichens und deshalb Spezialist für (manchmal) kluge Sprüche, legt ihr die Hand auf die Schulter und tröstet sie mit einer Erkenntnis Vasco da Gamas:

„Was soll die Furcht – es ist das Meer, das vor uns erzittert!"

Für den ersten Tag eine hübsche und tröstliche Gute-Nacht-Geschichte.

Ob sie für eine Woche vorhält?

Zweiter Tag

**Das freie Meer befreit den Geist.
Wer weiß da, was Besinnen heißt.**
J. W. v. Goethe

Geweckt wird stilecht und beziehungsreich vor allem vielversprechend: James Lasts „Biscaya", Erfolgshit der achtziger Jahre, erklingt im Lautsprecher neben der Koje (die auf der SEA CLOUD ein hochkomfortables Bett ist).

Über Nacht ist das Schiff bei Wind aus 260 Grad mit zwei Maschinen „gegenan" gelaufen. Der subjektive Eindruck einer überaus rauhen See hat sich dadurch bei den meisten Passagieren verstärkt.

Zum Frühstück sind dennoch fast alle erschienen. Einige haben sogar schon ihren Early morning tea samt Jogging hinter sich, wofür sie die ganze Verachtung der Spätaufsteher trifft.
Die Amerikaner, so hat Simon mit seiner zuverlässigen Beobachtungsgabe herausgefunden, sind beim Joggen erkennbar eifriger als die Deutschen, die dafür nach glaubhafter Versicherung des Barchefs am Tresen mehr Ausdauer zeigen.

Der Morgen hat uns - wie die Frühaufsteher unter der offenkundigen Mißachtung des Rests der Welt verkünden - durch die Wolkenlöcher am Horizont hindurch das Schauspiel eines herrlichen Sonnenaufgangs beschert.

Unsere SEA CLOUD hat zur Feier des Tages Festkleidung angelegt, was bei einem Rahsegler heißt: ihr Rigg ist mit Segeln bekleidet. Zwar nicht „volles Zeug" hat der Kapitän setzen lassen, weil der von Seeleuten vielzitierte Rasmus doch noch recht unsanft in die Wanten greift. Aber es reicht aus, um die Blößen der Schiffsdame zu bedecken und uns damit wenigstens einen vagen Eindruck von der ästhetischen Vollkommenheit des Schiffes erahnen zu lassen, wenn sich die gesamten über 3.000 Quadratmeter „weißes Tuch" zwischen Großsegel und Großroyal blähen.

Im Augenblick vermittelt die Segelfläche ein optisches Bild, das keineswegs dem der romantisch verklärten Darstellungen auf den Ölgemälden der Marinemaler entspricht. Was der Gast an Bord nur vage empfindet, ist nach den Regeln der Segelkunst nichts weiter als die rationale Anpassung der Segeleigenschaften an die meteorolgischen Bedingungen. „Unser Schiff", so erklärt der Kapitän denen, die auf die (übrigens außer bei Ein- und Auslaufmanövern immer offene) Brücke gekommen sind, „hat ja – als es den Wandel von einer Privatyacht zum Kreuzfahrtsegler vollzog – zusätzliche Deckskabinen bekommen. Durch diese ursprünglich nicht vorhandenen Decksaufbauten (wozu auch das Sonnensegel auf dem Lidodeck gehört) haben sich die Segeleigenschaften der SEA CLOUD auffällig verändert: Das Schiff ist luvgierig geworden, das heißt, es neigt dazu, sich in den Wind zu drehen. Ich muß deshalb vorn möglichst viel Segelfläche schaffen. Die Fock-Vorstagsegel und Großstengestagsegel sorgen dafür, daß sich der Segelschwerpunkt zum Bug hin verlegt. Das verbessert unsere Manövriereigenschaften."

Die segeltechnischen Veränderungen durch die Aufbauten sind auch der Grund dafür, daß der

Mit Sea Cloud auf See

Spanker, auch als Besansegel bekannt, eigentlich nicht mehr gebraucht wird. Außer zu Fototerminen, um das Bild einer Viermastbark unter vollen Segeln vollkommen zu machen.

Einen praktischen Sinn hätte „volles Zeug" im Mittelmeer, wo alle Anlaufhäfen dicht zusammen liegen, ohnehin nicht. Auf ein paar Knoten mehr oder weniger kommt es ja nicht an, und so kann sich die SEA CLOUD die Selbstbeschränkung durchaus leisten.

Bei den Klippern des vergangenen Jahrhunderts, die sich mit ihren von oft rücksichtslosen Hasardeuren angetriebenen Mannschaften verwegene Rennen lieferten, lag die Sache anders: da ging es meistens um viel Geld und manchmal sogar um die Ehre!

*

Der erste Seetag ist für die Passagiere eine willkommene Gelegenheit, sich mit ihrem Schiff, das eine Woche lang ihr Domizil sein wird, vertraut zu machen.

Er ist auch eine Gelegenheit, ein Stück jener aufsehenerregenden Geschichte nachzuerleben, die dieses Schiff geprägt und es zur Legende hat werden lassen. Denn noch immer atmet es jenen Geist des unermeßlichen Luxus, der hier einst geherrscht hat, und noch immer offenbart es demjenigen, der sich den Signalen der Vergangenheit nicht verschließt, der sie an sich heranläßt und ihre unter der Oberfläche verborgenen Geheimnisse zu sehen versteht, eine Märchenwelt der dreißiger Jahre, wie man sie sonst nur noch in Hotels wie dem Raffles in Singapur oder dem zu neuem touristischen Leben erweckten Orient-Express erleben kann.

Als der Direktor der Germaniawerft sein Meisterstück 1931 an die Auftraggeber ablieferte, hat er sich über das Interieur mit den goldenen Wasserhähnen, französischen Antiquitäten aus der Zeit Ludwigs XVI., über die prächtig gestalteten Kamine, die marmorverkleideten Bäder, die musealen Ölgemälde und die feingeknüpften flämischen Gobelins an den Wänden nur beiläufig geäußert. Vielleicht, weil ihm als Schiffbauer die ungewöhnlich hohen technischen Standards wichtiger waren als das dekorative Beiwerk einer Millionärsyacht. Immerhin hat er sich zu einer Bemerkung herabgelassen, aus der, wer wollte, einen ironischen Unterton heraushören konnte: man müsse sich bei den Stilarten und Formen der Innenausstattung freimachen von den Begriffen, die man mitbringe, wenn man eine Segelyacht oder gar ein modernes Passagierschiff betrete. Man müsse sich klarmachen, daß man es hier mit einem schwimmenden Heim zu tun habe, das in jedem seiner Räume die Lebensgewohnheiten und Eigenarten der Eigner und deren Einstellung zu künstlerischen und kulturellen Dingen widerspiegele.

Tatsächlich zeigen uns die wenigen erhaltengebliebenen Bilddokumente aus den frühen Jahren der SEA CLOUD, daß sich das Millionärsleben auf dem Schiff zwischen einer höchst eigenwilligen Mischung aus hochwertigen Antiquitäten, die Grenzen zum Kitsch überschreitenden Souvenirs und eigenwilligem Beiwerk einer exaltierten Wohnkultur vollzog, wie sie das victorianische England hervorgebracht hatte.

Stilpuristen mögen sich streiten, wie ein solches Wohnumfeld zu charakterisieren ist. Sie werden

Zweiter Tag

sich in der Bewertung irgendwo zwischen „Schreckenskammer" und „Kuriositätenkabinett" treffen. Aber sie werden sich einig sein in der Bewertung, daß der äußere Rahmen dieses innenarchitektonischen Sammelsuriums jeder kritischen Betrachtung standhält. Und genau dieser Rahmen ist es ja, in dem sich das heutige Leben auf der SEA CLOUD abspielt: Der eichengetäfelte Dining Room, in dem einst ein mittelalterlicher Refektorientisch mit Louis-Philippe-Stühlen drumherum stand, hat eine Metamorphose erfahren, die allerdings seine Identität nicht verleugnet. Die originalen Metalllampen mit original Opalinglas, die ein wenig an die alten Rolls Royce-Laternen erinnern, erfüllen den historischen Anspruch des Salons. Ebenso der heute ausschließlich der Dekoration dienende Marmorkamin mit seinen Messing- und Bronzeverzierungen. Einen seltsamen Kontrast dazu bilden die im Stil naiver Malerei gehaltenen Hafenszenen in den Paneelen, die der düsteren Holzvertäfelung ihre Schwere nehmen. Sie zeigen Motive aus St. Petersburg, Bergen und Shanghai.

Freundlicher in ihren hellen Farben wirkt die zum Dining Room führende Lounge. In ihr sind nicht nur die hellen Pinewood-Verkleidungen original erhalten, sondern auch die sechsarmige Deckenleuchte und die Wandlampen mit ihren Rundspiegeln und ihren mit weitgeöffneten Schwingen darüber thronenden Adlern.
Die kleine in die Wand hineingearbeitete, dem Raum Ruhe vermittelnde Bibliothek erinnert an den Wohnstil des englischen Landadels, für den Marjorie zeitlebens eines Schwäche gehabt hat. Angesichts der eisigen Ablehnung, auf die sie als Amerikanerin beim englischen Hochadel stieß,

verfiel sie zunehmend in die Attitüde einer zurückgewiesenen Geliebten, die nicht weiß, ob sie sich weiterhin Mühe geben , oder ob sie das Objekt ihrer Begehrlichkeit mit Verachtung strafen soll. Trotz mehrfacher Versuche ist es ihr nicht gelungen, die „Royals" auf die Planken ihres Schiffes zu locken. Andere Gekrönte waren zugänglicher. König Haakon und Königin Maud von Norwegen ließen sich nicht lange bitten, und Marjorie nahm verwundert und befriedigt zur Kenntnis, daß die Königin jeden Tanz getanzt habe.

Auch König Gustav von Schweden kam an Bord und - auf eine schnelle Visite - Königin Elisabeth von Belgien, die Mutter Leopolds III.. Und nicht zu vergessen eine Queen von Hawaii. Exotisch zwar, aber nicht das, was Marjorie eigentlich vorschwebte.

Da träufelte doch etwas Balsam auf ihre gekränkte Millionärsseele, als aus dem englischen Königshaus wenigstens einer der Versuchung nicht widerstehen konnte, der aber vielleicht nur aus Trotz kam; denn seine edle Familie hatte ihn verstoßen, weil er eine Amerikanerin zu ehelichen gewagt hatte, und dazu eine geschiedene.

Damit aber hatte Marjorie selbst Erfahrung (und sie sollte noch einige dazugewinnen). Immerhin gab ihr ein leibhaftiger Windsor, wenn auch als abgedankter König die Ehre, und allein der fein säuberlich abgeheftete Schriftwechsel mit „Sincerely Wallis Windsor" und das herzliche Dankschreiben von Edward sprechen Bände. Edward ließ seine amerikanischen Gastgeber wissen, wie sehr er und „the Duchess" die Segelreise nach Nassau und Kuba genossen hätten und wie

geehrt die Gäste gewesen seinen, daß Marjorie sie beim Abschied höchstpersönlich zu ungewöhnlich früher Stunde zur Bahnstation begleitet habe.

*

Über die kulinarischen Gepflogenheiten an Bord in der Dollar-Millionärsära ist nur wenig überliefert. Wahrscheinlich waren Essen und Trinken so alltägliche Verrichtungen, daß man sie nur selten einer Erwähnung für wert befand. Wenn Anekdotisches aus diesem Bereich die Zeiten überdauert hat, dann waren es die großen oder kleinen Pannen, die sich im Laufe der Jahre immer mal wieder ereignet hatten.

Amüsiert hat Marjorie ihre Gäste immer wieder mit der Geschichte um ihren russischen Koch unterhalten, den sie angeheuert hatte, nachdem ihr dritter Ehemann Joe Davies von seinem Freund Theodor Roosevelt als Botschafter der USA nach Moskau geschickt worden war. Die SEA CLOUD lag während dieser Zeit als schwimmende Nachschubstation und als gesellschaftliches Ereignis vor dem damaligen Leningrad und heutigen St. Petersburg auf der Newa. Für die Diners, zu denen Marjorie gern das Diplomatische Corps einlud, hatte sie eigens einen Koch aus der sowjetischen Hauptstadt engagiert. Der Mann sprach natürlich kein Wort Englisch, und so mußte es eines Tages zwangsläufig zu einer Katastrophe kommen: Mr. Davies - der das Schiff haßte, weil er auf jeder Reise immer wieder seekrank wurde - hatte hochrangige Gäste an Bord, die weniger das Gala-Diner gelockt hatte, sondern die neusten Hollywood-Filme, die den Gästen regelmäßig vorgeführt wurden.

Zehn Minuten vor dem angesetzten Diner kam der Koch mit Tränen in den Augen zu den Gastgebern, um ihnen zu berichten, er habe die Klöße aus der Dose nun schon zwei Stunden lang gekocht, die aber wollten beim besten Willen nicht gar werden.

Marjorie eilte in die Küche, um das kulinarische Werk des sonst so versierten russischen Kochs zu begutachten.
Die Sache war dann schnell aufgeklärt: Der Mann hatte nach den Dosen gegriffen und sich – weil er ja nicht die Aufschrift lesen konnte – an den aufgedruckten Bildern orientiert. Nun haben aber Klöße zweifellos eine gewissen Ähnlichkeit mit Tennisbällen. Und genau die hatte der Mann in den Kochtopf geworfen.

*

Heute könnte so etwas auf der SEA CLOUD nicht mehr passieren. Allein schon deshalb nicht, weil ein Spitzenkoch sich nicht aus der Dose bedient! Ein Fünf-Sterne-Schiff erwirbt diesen hohen Standard nicht zuletzt auch durch seine gastronomischen Leistungen. Wobei ein Segler, der als Privatyacht konzipiert wurde, wegen des begrenzten Raums auch in der „Kombüse" nicht durch die Quantität seines kulinarischen Angebots bestechen kann. Die Speisekarte der SEA CLOUD hat nicht die aufdringliche Fülle, die Gäste anderer Kreuzfahrtschiffe in den ständigen Konflikt zwischen der Genuß-Lust und dem Kalorien-Frust treibt.
Aber sie führt uns in die gehobene gastronomische Erfahrungswelt, die uns die Handschrift eines überaus erfahrenen und phantasiebegabten Maître De Cuisine verrät.

Zweiter Tag

Schon mit „Captain Herwig's Welcome Dinner" hat Carsten Dorhs seine erste große Bewährungsprobe bestanden.

Zwischen großartigen Variationen von Lachs und Kaviar, einer Boletus Consommé - was in der Sprache der kulinarischen Zunft auf eine Steinpilzconsomé deutet - und unübertrefflichen Kalbsmedaillons mit Foie-gras, Madeirasauce und Gemüsespaghetti wird der verwöhnte Gast kaum Gedanken an die schlechteren Zeiten verschwenden, in denen „Backen und Banken" auf den große Rahseglern nichts weiter war als ein notwendiges (und keineswegs lustvolles) Ritual zur Erhaltung der Arbeitskraft. Und nicht einmal ein sehr appetitliches!

Auf den Segelschiffen galt bis weit in das vergangene Jahrhundert hinein der „Smutje" in seiner Kombüse wegen seines Hangs zur Unsauberkeit – daher seine Berufsbezeichnung, die irgendwie mit „Schmutz" zu tun hat – als der meistgehaßte Mann an Bord.
„Die Töpf spül ich alle Monat aus", lautet das ihm von einem Shanty in den Mund gelegte Geständnis, „das ist bei uns auf See so Brauch!"
Auf einem Fünf-Sterne-Segler gibt es keinen Smutje mehr, sondern einen Küchendirektor mit einer ansehnlichen Küchenbrigade, die sich ihrem Publikum jederzeit mit reinem Gewissen und reiner Schürze präsentieren kann. Die Männer sind auch nicht mehr der Verfolgung durch ihre Kameraden ausgesetzt, weil die „Smuts" auf den alten Rahseglern dafür bekannt waren, die besten Bissen beiseitezuschaffen und meistbietend zu verscherbeln. Vorbei die Zeiten, in denen es sich der Smutje gefallen lassen mußte, von der mit seiner Kunst nicht sonderlich zufriedenen Besatzung beim Kapitän ins schlechte Licht gesetzt zu werden. Man warf in einem unbeobachteten Augenblick einfach einen alten Stiefel in den Teekessel der Offiziere. Oder man streute ein paar in Zucker gerollte Pechkugeln in den Pfannkuchen, der in der Offiziersmesse serviert werden sollte.

Sicher haben Seeleute heute subtilere Möglichkeiten, sich an unbeliebten Kameraden zu rächen.

Der Passagier auf einem Kreuzfahrtsegler hat nur einmal Gelegenheit, eine allerdings spielerische Kostprobe von Ritualen der Mißachtung zu bekommen:
Wenn er zum erstenmal in seinem Leben den Äquator überfährt. Diese Prozedur aber bleibt uns bei unserem Segeltörn durch das Mittelmeer erspart!

Mit Sea Cloud auf See

Dritter Tag

„Denn nicht Geheimnisvolleres gibt es für einen Seemann als die See selbst, die die Herrin seines Daseins ist und unergründlich wie das Schicksal."
Joseph Conrad

Landgang war angesagt. In Porto Vecchio wollten wir auf der als Touristenparadies vielgerühmten Mittelmeerinsel Korsika an der kargen Südostküste ein wenig französisches Flair atmen. Aber alle Wettergötter und dazu noch der unberechenbare Poseidon haben sich gegen uns verschworen. Die Schiffsleitung entscheidet, daß die SEA CLOUD unter den gegebenen meteorologischen Bedingungen nicht in den Hafen von Porto Vecchio einlaufen kann.

Soll man's bedauern? Die meisten Gäste an Bord sehen es anders: nicht ein Landgang wurde ihnen genommen, sondern ein Seetag wurde ihnen geschenkt!

Und was für ein Seetag!

Auf jeden Fall vermittelt er uns eine lebendige Lektion davon, wie die Wetterlagen in diesem Fahrtgebiet auf engstem Raum auffälligen Wechseln unterliegen.

Wir sind 210 Seemeilen von Neapel entfernt. Um neun Uhr meldet die Brücke die Position 39 Grad 50 Minuten nördlicher Breite und 10 Grad 11 Minuten östlicher Länge. Das bedeutet: Die SEA CLOUD liegt etwa 22 Seemeilen östlich Sardiniens.

Dieser Spätoktobertag beschert uns immerhin noch eine Lufttemperatur von 30 Grad Celsius, die von südwestlichen Winden von zwei Beaufort Stärke angenehm relativiert werden.
Gegen 9.30 Uhr läßt die Schiffsleitung einen Tender zu Wasser, von dem aus die Passagiere die SEA CLOUD aus allen Blickwinkeln fotografieren können.

Was schon an der Pier einen großartigen Anblick bietet, gewinnt in der sanften Dünung des Mittelmeeres etwas geradezu Majestätisches: Die traditionsträchtige Segelyacht in voller Schönheit auf offener See! Hier gibt sie ihre Geheimnisse preis, deren man sonst nur selten aus dieser Perspektive ansichtig wird: Würdevoll trägt die SEA CLOUD ihren goldenen Adler vor sich her, der ihr den Weg durch das Meer zu bahnen scheint als bedürfte das Schiff einer Führung seinem Ziel entgegen.

Bedrohlich und beschwörend zugleich wirkt dieses Symbol des Stolzes.

Tatsächlich haben Galionsfiguren ja seit mehr als zweitausend Jahren die ihnen zugedachte Aufgabe recht und schlecht erfüllt. Zunächst als Tiere, die als Gottheiten verehrt wurden. Die Phönizier haben damit angefangen, die Vordersteven ihrer Schiffe mit Pferdeköpfen zu verzieren. Sie knüpften daran die Hoffnung, die Eleganz und die Schnelligkeit der Pferde werde sich auf die Eigenschaften ihrer Lastsegler übertragen.

Das Pferd hat seine Rolle als Schutzpatron längst ausgespielt. Allenfalls seine Hufeisen wurde noch bis in die Biedermeierzeit hinein von abergläubi-

Dritter Tag

schen Seeleuten an den Großmast genagelt, um Unglück vom Schiff und seiner Mannschaft abzuwenden.

Auch die Wikinger, jenes verwegene Seefahrervolk mit dem unbezähmbaren Eroberungsdrang, vertrauten sich gern dem Schutz furchterregender Drachen- und Schlangenköpfe an, als die der Vorder- und Achtersteven ihrer schnellen Schiffe ausgebildet war, um den Gegnern schon vor dem Beginn des Kampfes einen gehörigen Schrecken einzujagen und sie allein schon durch den Anblick der Schiffe zur Flucht zu bewegen.

In der Zeit der Renaissance lösten weltliche Helden und Menschen-Heilige die Tiergottheiten als Galionsfiguren ab.

Später mußten auch hübsche Frauen mit im Wind flatternden Haaren und entblößten weiblichen Rundungen als Galionsfiguren herhalten. Als wohl prominenteste die Hexe Nannie in ihrem kurzen Hemdchen, dessen dichterische Bezeichnung „Cutty Sark" sich sogar in die Phalanx der großen Schiffsnamen einreihen sollte.

Ihre sakrale Bedeutung haben die Galionsfiguren auch als recht freizügige und unanständige Seemannssehnsüchte widerspiegelnde Weibsbilder nicht abgelegt. Zumindest verbindet sich mit ihnen auch heute noch ein Hauch seemännischen Aberglaubens.

Auch wenn die wenigsten Fahrensleute jemals die Erfüllung eines bösen Omens erlebt haben - daran zu glauben gehört zu den Maximen, die ihrem Leben die rechte Würze geben.

Der Verlust einer Galionsfigur, so eine uralte Überlieferung, bringe dem Schiff Unglück. Für die SEA CLOUD zumindest gilt diese Prophezeiung nicht. Zwar hat sie ihren goldenen Adler 1981 bei einer Werftüberholungsfahrt auf der Reise von Piräus nach Marbella in schwerer See eingebüßt. Am Morgen nach dem Sturm hatte plötzlich einer der Offiziere gerufen: „Was ist denn da los? Der Klüverbaum ist ja ganz schief!". Ein paar Männer liefen dann nach vorn und entdeckten, daß der schöne Goldadler in die anstürmende See gestürzt war. Das einzige Unglück allerdings, das dem Verlust folgte, traf den Reeder: Er mußte für sündhaft viel Geld in Neapel eine neue Galionsfigur schnitzen lassen. Im übrigen aber hat keiner der vermeintlichen Unglücksbringer, an die viele der älteren Seeleute zu glauben bereitwillig zugeben, der SEA CLOUD etwas anhaben können. Der Klabautermann nicht und auch nicht Rasmus, wie die Seeleute den Wind liebevoll und respektvoll zugleich nennen!

Und dennoch verkörpert die Galionsfigur auch heute noch einen Teil jenes ins Mystische hineinreichenden Zaubers, dem ein finnischer Dichter in einfühlsamer Prosa seine Stimme gab:
„In tobenden Nächten schlagen die salzigen Sturmeswogen an uns empor, als schwimmende Spukgestalten, von Wasser triefend, stürzen wir den tosenden Mauern der Brandung entgegen - und wenn hinter der Dünung die Sonne empor sich windet, suchen wir wieder mit starren Augen das Land... Wie glänzt vergoldetes Holz im Mondenscheine der schwülen Passate, wie leuchtet vereister Stahl in der funkelnden Nacht der Antarktis!
Vorwärts! Wir recken uns über den blinden Bug

Mit Sea Cloud auf See

der Schiffe, in unseren Augen sich unser Geheimnis verbirgt!"

*

Leerlauf an Bord – das ist etwas, das keine Mannschaft der Welt in 5000 Jahren Schiffahrtsgeschichte je hätte erdulden müssen. Irgendetwas zu tun gibt es für die Decksbesatzung eigentlich immer. Gerade und ganz besonders, wenn das Schiff in ruhiger See von den Strapazen vorangegangener Stürme auszuruhen scheint.

Ein Schiff ist ja rund um die Uhr auch bei sanftem Wetter den zerstörerischen Kräften der Naturgewalten ausgesetzt. Und so zieht an solchen Tagen stets ein sanfter Geruch von Ölfarbe über das Deck, weil an irgendeiner Stelle, an der das Salzwasser und der Wind besonders gern angreifen, immer irgend etwas zu „pönen" ist. Drücke einem Matrosen einen Topf mit weißer Farbe und einen Pinsel dazu in die Hand, und er wird mit schlafwandlerischer Sicherheit irgendwo ein Fleckchen Rost aufspüren, das es zu entfernen und zu übermalen gilt.

Solche Sorgfalt, mit liebevoller Hand einer 65jährigen Schiffsdame dargebracht, verdankt die SEA CLOUD, daß wir uns ihrer auch noch im reifen Alter erfreuen dürfen, und daß sie mit Sicherheit auch eine oder zwei weitere Kreuzfahrergenerationen überleben wird.

Die Pflege des Schiffes beschränkt sich ja bei weitem nicht nur auf die äußere Kosmetik mit dem Farbeimer. Sie ist ein ständiger Prozeß des Erneuerns und Wiederherstellens, des Verbesserns und Regenerierens all jener Teile, die dem natürlichen Prozeß der Vergänglichkeit unterliegen. Sichtbar für den Gast an Bord sind zumeist jedoch nur die erfolgreichen Bemühungen der Decksbesatzung, den Zahn der Zeit mit Glanz zu erschrecken. So wird den auch das Messingputzen - Mahagoni und Messing sind gewissermaßen die Insignien der Schiffswürde - von den jungen Leuten mit Leidenschaft gepflegt. Selbst da noch, wo eine auch noch so pingelige Hausfrau den Putzlappen längst als überflüssig zur Seite gelegt und ihre Arbeit als gelungen beendet hätte, wird auf der SEA CLOUD noch emsig gewienert und dem alten Glanz ein neuer aufgesetzt.

Auch das Deckschrubben gehört auf der Segelyacht zur Alltagsarbeit, bei der man das Gefühl hat, daß sie die jungen Leute keineswegs widerwillig verrichten. Fröhlichkeit ist ein besonderes Markenzeichen auf diesem Schiff, und man spürt auf Schritt und Tritt etwas von der Motivation, die diese Crew aus der tiefen Zuneigung zu ihrem Schiff gewinnt.

Ob die Jungen und Mädchen manchmal an das harte Leben ihrer beruflichen Ahnen denken, an die Schinderei der Mannschaften auf den Rahseglern noch des 18. und 19. Jahrhunderts? Für sie war das Deckschrubben außer einer praktischen Notwendigkeit oft auch ein Ritual des Schikanierens.

Wenn das Kommando gegeben wurde – und es kam fast täglich – dann griffen sich die Männer ihren großen, an einer Seite abgeflachten Bimsstein, durch den ein Tau gezogen war. Diese Scheuersteine wurden auf dem Deck, das vorher mit Salzwasser übergossen und mit Sand bestreut worden war, so lange hin- und hergezogen, bis sich ein feiner Schlamm aus Schmirgelholz und

Dritter Tag

Sand gebildet hatte, der dann immer wieder mit Seewasser übergossen wurde, bis er durch die Speigatten abgelaufen war. Danach wurde das Deck mit sogenannten Schwabbern trockengeschrubbt.

Dieses Ritual war ein fester Bestandteil der morgendlichen Decksarbeit bei jedem Wind und Wetter. Auch bei bitterster Kälte verrichteten die Matrosen diese Arbeit barfuß und mit hochgekrempelten Hosenbeinen.

Besonders unangenehm war die Tortur am Ankerspill und am Bug; denn dort mußten die Männer bei der schweren Arbeit knien. Für die kleinen Bimssteine, die dabei benutzt wurden, hatten die Seeleute die sinnfällige Bezeichnung „Gebetbücher" erfunden.

Manch ein Kapitän, so wird in alten Schiffstagebüchern glaubhaft versichert, hat die zweifellos notwendigen Arbeiten um die Variante eigener sadistischer Triebbefriedigung bereichert und seine Decksmannschaften über das erforderliche Maß hinaus in die Pflicht genommen. Sicher war es auch ein Stück Überlebenstraining, wenn die Männer hart herangenommen wurden, um im Ernstfall den Herausforderungen durch ihr Schiff und den sich ihm entgegenstemmenden Naturgewalten gewachsen zu sein. Oft aber wurden ihnen Strapazen abverlangt, die den Rahmen humaner Erziehung zur Disziplin sprengte.

*

Zu tun gibt es auf der SEA CLOUD immer etwas, auch wenn der Katalog der Arbeiten weit hinter dem der alten Tiefwassersegler zurückbleibt.

Damals waren die Wachen außer mit dem Deckschrubben vollauf mit Pumpen und Tauwerkteeren beschäftigt. Manchmal wurde das laufende und stehende Gut auch mit Speckschwarten eingerieben, um es geschmeidig zu halten. Die Planken mußten immer aufs neue kalfatert werden, das heißt, man mußte die Zwischenräume zwischen den Decksplanken immer wieder abdichten. Und immer waren auch irgendwelche Taue zu klarieren und nachzusetzen. Segel mußten gerefft werden und Rahen gebraßt. Und wenn die Männer glaubten, nun endlich mit der Arbeit fertig zu sein, dann war da noch irgendwo Werg zu zupfen.

Ein bißchen gehört von alldem auch heute noch zur Seemannschaft dazu. Und sei es nur, um sich in Geduld zu üben.

An diesem Nachmittag hat sich eines der Mädchen von der Decksmannschaft auf das Achterdeck zurückgezogen, um Stunde für Stunde „Tausendbeine" zu knüpfen. Das sind kunstvoll geknüpfte Hanfteile, die im Rigg eines Segelschiffs als Schamfilingschutz dienen. Sie sollen verhindern, daß sich die Segel an den Rahen scheuern und dabei abreiben.
Was hier von geschickten Händen geleistet wird, war einst die Arbeit der hochspezialisierten Schiemänner und Segelmacher, die sich von ihren Kameraden als „Fusselzupfer" verspotten lassen mußten. Auch „Beutelmacher" nannte man sie nicht ohne einen gewissen Respekt; denn sie waren es ja, die dem Seemann sein „letztes Hemd" anfertigten, bevor er der See übergeben wurde.

*

Mit Sea Cloud auf See

Tom, unser Bordmusikant, hat für den nachmittag den Auftrag übernommen, den Passagieren die Geschichte der SEA CLOUD ans Herz zu legen: Einen auf sechzig Minuten komprimierten Streifzug durch 65 Jahre eines erregenden Schiffslebens. Wobei es natürlich immer wieder die kuriosen Ereignisse sind, die sich nachhaltig in das Gedächtnis einprägen.

Zum Beispiel der Stolz Ed Huttons auf seine rund 60 Mann starke Besatzung, die bei Landgängen mehr als einmal in Prügeleien verwickelt wurde und sich dann mit zerfetzten Uniformen an Bord zurückmeldete. Niemals machte Ed ihnen einen Vorwurf, weil er nun doch tief in die Tasche greifen mußte, um neue Uniformen schneidern zu lassen. Seine einzige bange Frage war in solchen Fällen „Habt ihr den Kampf gewonnen?" Wenn seine Jungen das eifrig bestätigten, erhielten sie ein dickes Lob. Ed wußte, was ein Sportsmann seiner Mannschaft schuldet!

Kurios ist auch die Geschichte aus der Zeit nach der Dienstverpflichtung der SEA CLOUD, als das Schiff unter dem Kürzel „IX-99" für die US Coast Guard im Einsatz war. Marjorie hatte es als patriotische Tat verstanden – weil sie dem Vaterland doch keinen Sohn opfern konnte, wie sie fast traurig anmerkte – ihr geliebtes Schiff nach dem Überfall der Japaner auf Pearl Harbour für einen Dollar an die amerikanische Marine zu verchartern. Schönheit war plötzlich nicht mehr gefragt. Die Navy ließ die vier hohen Masten und den Bugspriet demontieren, sie ließ den Rumpf und die Aufbauten grau anpinseln und den goldenen Adler einmotten. Ein Marineschiff der Neuzeit braucht, wenn es in den Krieg zieht, keine goldene Galionsfigur! Stattdessen aber Geschütze, Gerüste für das Absetzen von Wasserbomben, eine Radaranlage, Sonareinrichtungen und Kojen für rund 200 Mann Besatzung. Außerdem mußte sich die SEA CLOUD den Aufbau eines stählernen Wetterhäuschens mit einer Füllstation für Heliumballons gefallen lassen; denn „IX-99" war zur Wetterbeobachtung abkommandiert. (Nicht für die Jagd auf deutsche U-Boote, wie es später gelegentlich durch die Legenden geisterte. Nur eine einzige Zufallsbegegnung ist glaubhaft belegt).

Der traurige Anblick, den die „Wetterbeobachtungsstation" bot, wurde durch eine Besonderheit aus besseren Zeiten ausgeglichen:
Die früheren Gästekabinen waren von der Eignerin nämlich nicht nur in besonderen Farbtönen tapeziert, sie waren auch mit lange haltbaren Essenzen parfümiert worden. Dieser Duft übertrug sich auf die Männer, die in den Räumen wohnten, und der Marine war es nicht gelungen, eine mehr militärische Duftnote in die Logis zu bekommen.

Für die Wachoffiziere auf der nachts abgedunkelten „IX-99" hatte das den unschätzbaren Vorteil, daß sie immer riechen konnten, wer vor ihnen stand, bevor der Mann seine Meldung machte.

Von den Ehren, die sich die SEA CLOUD im Zweiten Weltkrieg erwarb, künden noch heute die unterhalb der Brücke angebrachten fünf Winkel - je einer für ein halbes Jahr aktiven Kriegsdienst. „For Service in WORLD WAR II." steht in so kleinen Lettern darunter, daß den meisten Kreuzfahrtgästen dieser Hinweis entgeht.

Vierter Tag

Vierter Tag

**Es rauscht wie Freiheit.
Es riecht wie Welt.
Naturgewordene Planken
sind Segelschiffe. Ihr Anblick erhellt
und weitet unsere Gedanken.**
Joachim Ringelnatz

Um 5.30 Uhr ist es um diese Jahreszeit kühl und diesig. Das Deck der SEA CLOUD, auf das sich über Nacht eine Schicht perlender Feuchtigkeit gelegt hat, ist gefährlich glatt.
An einigen Stellen haben Passagiere bereits ihre Spuren im jungfräulichen Morgentau hinterlassen: Die Unentwegten, die ihr Durchhaltevermögen an der Bar, dessen sie sich schon vor Beginn des nächtlichen Einsatzes lautstark brüsten, auch in dieser Nacht wieder augenfällig unter Beweis gestellt haben. Sie haben das Feld, auf dem Größe zu zeigen sie sich mühsam antrainiert haben, zu einem Zeitpunkt geräumt, zu dem eine Kollision mit den ersten Frühjoggern keineswegs außerhalb der denkbaren Möglichkeiten liegt.

Mich hat an diesem Sonntagmorgen weder die eine noch die andere Leidenschaft auf die glitschigen Planken getrieben, sondern schlichte Pflichterfüllung:
Via Satellit sind einige Reportagen mit der Hamburg-Welle 90,3 des Norddeutschen Rundfunks verabredet, die direkt in das legendäre Hamburger Hafenkonzert als der ältesten Live-Hörfunksendung der Welt eingespielt werden, und die auf diese Weise nicht nur in ganz Europa und Nordafrika, sondern auch in Namibia und in Südaustralien zu hören sind.

Als die Sendung um acht Uhr mitteleuropäischer Zeit zu Ende geht, ist die Sonne schon blutrot über den Horizont gestiegen und zeichnet die langen Schatten des Riggs auf die bewegte Wasserfläche , auf der einige wenige Schaumköpfe uns einen schönen Herbsttag verheißen.

Und einen erlebnisreichen!

Der Sonntagmorgen führt uns auf die Spuren eines großen und großartigen Kapitels europäischer Schiffahrtsgeschichte; auch wenn einen Teil dieser Spuren die Zeit längst verwischt hat und sie nur dem Phantasiebegabten oder dem Zufall offenbart.
Gegen acht Uhr ist die SEA CLOUD im Haupthafen Sardiniens eingelaufen und hat an der Pier von Olbia festgemacht.

Die Vorzüge dieses geschützten Platzes wußten schon die Etrusker und Karthager für sich zu nutzen. Später kamen die Römer, nicht gerade ein begnadetes Seefahrervolk, aber begabte Strategen und weitsichtige Kolonialisatoren.

Wer den Weg von der Pier über den anderthalb Kilometer langen Damm zur kleinen Isola Bianca nicht scheut, wo die von Roms Hafen Civitavecchia kommenden Schiffe festmachen, der kann hier noch einige Zeugnisse der Vergangenheit zumindest erahnen: Zwischen den Gassen Brigata Sassari, Via Mameli und Via la Marmora ist eine punische Nekropole mit Schachtgräbern erhaltengeblieben. Und wer den um diese Jahreszeit nicht einmal beschwerlichen Weg nicht scheut, der wird mit dem Anblick einer der ältesten, aus dem 11. Jahrhundert stammenden Kir-

Mit Sea Cloud auf See

chen Sardiniens entschädigt, der romanisch-pisanischen San Simplicio mit ihren wuchtigen Säulen und den prachtvollen romanischen Bögen.

Eine erfindungsreiche Natur hat zu solchen kulturellen Glanzlichtern ihre eindrucksvollen Kontrapunkte gesetzt, und jene vielleicht erst angeregt. Am aufregendsten sind in dem klippenreichen Golf von Olbia die vorgelagerten Felseninseln Tavolara mit dem zum Meer hin steil abfallenden Granitmassiv, und Molara, auf der man mit etwas Glück noch heute wilde Bergziegen beobachten kann.

Welch ein erregendes Kontrastprogramm gewachsener Naturschönheiten zur konstruierten Eleganz, die an der zerklüfteten Costa Smeralda, an der sardischen Nordküste, seit den sechziger Jahren vom Reißbrett auf die Landschaft übertragen wurde.
„Maßgeschneidert" urteilt die Euphorie der einen – „Plastikstadt" nennen es die anderen, die sich nicht ohne weiteres von einer der Landschaft aufgedrängten Künstlichkeit blenden lassen wollen.

Die richtige Einschätzung dessen, was an diesem Küstenstreifen innerhalb kurzer Zeit gewachsen ist, liegt wohl irgendwo in der Mitte zwischen den beiden Urteilen.
Ein ursprünglich von Aga Khan geleitetes Costa-Smeralda-Konsortium organisiert hier mit fester Hand das Leben. Es erläßt und überwacht die Einhaltung der Bauvorschriften, es bestimmt, daß alle Strom- und Telefonleitungen unter die Erde gelegt werden müssen, und es schreibt vor, daß Abwässer nicht in das grüne Meer geleitet werden dürfen. Das Ergebnis ist eine Küstenlandschaft, in der sich Hotels, Villen und Ferienwohnungen harmonisch in die Strände und jahrhundertealte Fischerdörfer eingliedern. Porto Cervo ist der Mittelpunkt und die einzige größere Ansiedlung an diesem Küstenstrich. Schmale Gassen und winzige Plätze geben dem Ort sein dörfliches Ambiente. Aber der Keim zur Zerstörung ist schon gelegt: der wachsende Tourismus verlangt nach Einkaufszentren, Supermärkten und Andenkenläden: Ein Paradies auf dem Weg zu seinem Sündenfall!

*

An der Pier von Olbia haben sich der SEA CLOUD inzwischen zwei Fährschiffe mit den klangvollen Namen „Golfo del Sole" und „Aurelia" hinzugesellt: Zweckfahrzeuge, die nichts anderes im Sinn haben, als möglichst viele Menschen in möglichst vielen Autos in möglichst kurzer Zeit von einem zum anderen Küstenort zu transportieren. Der Preis für solche Leistungsfähigkeit ist ein rigoroser Verzicht auf jene Ästhetik, deren Maßstäbe von Rahseglern gesetzt werden. Gerade der Kontrast, die Gegensätzlichkeit zweier maritimer Erfahrungswelten, setzen der Eleganz unserer SEA CLOUD ihre besonderen Glanzlichter auf. Nicht einmal die nachmittägliche Begegnung mit Deutschlands jüngstem Kreuzfahrtschiff „Aida", dessen ungewöhnlich popfarbiger Outfit Aufsehen erregt, gibt Anlaß, das Urteil zu revidieren. Es gibt nichts auf den Meeren zwischen Valparaiso und Shanghai, zwischen Southampton und Baltimore, zwischen Bergen und Lissabon, das einem Großsegler vom Rang der SEA CLOUD seinen Spitzenplatz in der maritimen Schönheitskonkurrenz streitig machen könnte.
Wäre es denn je einer Muse eingefallen, einem Dichtersmann ein Liebeslied auf ein Segelschiff

Vierter Tag

einzuhauchen, wenn sie sich nicht zuvor selbst in eine solche Diva der Meere verliebt hätte?

„Sie lassen sich fahren vom himmlischen Hauch mit Herrenblick in die Ferne" hatte der sächsische Fahrensmann Joachim Ringelnatz zu einer Zeit geschwärmt, als „der Schiffe Mastenwald" in unseren Häfen noch ein alltäglicher Anblick war. Und auch, daß sie kokett in des Schicksals Hand schaukelten wie trunkene Schmetterlinge, ist in seiner eindringlichen Bildhaftigkeit nicht zu übertreffen!

Solche edlen Schiffswesen voll Schönheit und Stolz durften natürlich nicht einfach die Weltmeere durchfahren. Sie verlangten nach anderen Bildern, und so pflügen sie denn „den blauen Acker" und wiegen sich „tauweberspannt durch die Wogen".
Solcherlei poetische Annäherung hinderte die Seeleute allerdings nicht daran, den durch ihr Aussehen geadelten Schiffsdamen mancherlei Obzönitäten zuzumuten, wenn sie einmal nicht der Idealvorstellung der Seeleute entsprachen, wenn ihre Segel einmal nicht prallgefüllt das Schiff vorantreibend standen, sondern schlaff in den Rahen hingen und sich kein Lüftchen regte, um sie wieder in Form zu bringen.

Wenn in der Flaute oder beim Kreuzen nur wenig Fahrt gemacht wurde, mußten sich die Männer von ihrem Kapitän die Äußerung gefallen lassen, sie hätten wohl bei ihrem letzten Landgang die Huren nicht bezahlt.
Wenn dann bei der Heimreise Kurs Hamburg der Wind wieder kräftig in die Segel griff, hieß es „Nu fangt de Hamborger Deerns wedder to trecken an!"

Das traf so recht in das Zentrum seemännischer Gefühle. So sehr die Männer ihr Schiff liebten und mit ihm im wahrsten Sinn des Wortes durch Höhen und Tiefen nicht nur der See, sondern auch durch die ihres Lebens gingen – so sehr ließen sie doch ihre Gedanken an Land vorauseilen, sobald die ersten Möwen kreischend ihr Schiff umkreisten.

„Rolling home" wurde zum unverwechselbaren Code für alle Sehnsüchte dieser Welt, die man auf langen Reisen angestaut hatte. Kaum aber hatte das Schiff auf der Reede seinen Anker geworfen oder lag vertäut an der Pier – schon regte sich wieder das große Fernweh. Rastlosigkeit bestimmt den Lebensrhythmus des Seemanns; und auf geheimnisvolle Weise überträgt sich diese schöpferische Unruhe, diese Hoffnung, an neuen Ufern neue Anregungen zu finden, auch auf das kreuzfahrende Publikum. Oder ist es gar nicht so sehr das Ziel, das zu erreichen uns aufs Wasser lockt? Ist es nicht viel mehr die Art der Annäherung, die Verheißung, die ein Segeltörn bedeutet, ganz gleich, in welche Himmelsrichtung die Kompaßnadel weist?

Die SEA CLOUD wieder unter den Füßen zu haben – das ist jedesmal wie ein Stück Heimkehr zu einem vertrauten Wesen, dem man sich für die Zeit einer Reise anvertraut, wissend, daß sie einem nichts schuldig bleiben wird.

Kurz vor Sonnenuntergang, der den Himmel mit einem geheimnisvollen Blauviolett überzieht, wirft die SEA CLOUD die Leinen los. Der Schlepper „Impetuoso" zieht das Heck der Viermastbark frei, bis sie mit der Kraft ihrer eigenen

Mit Sea Cloud auf See

Maschine den Weg zum offenen Meer hin sucht. Vorbei an Muschelbänken zu beiden Seiten, die mit verschiedenfarbigen Schwimmern gekennzeichnet sind. Vorbei auch an kleinen, einsam gelegenen Anwesen, auf die die untergehende Sonne ein diffuses Licht zaubert. Sanfte grüne Hügelketten vor schroffen Felsformationen geben uns einen letzten nachhaltigen Eindruck von der sardischen Küste mit auf den Weg, und das Leuchtfeuer zur Hafeneinfahrt blinkt uns einen Abschiedsgruß herüber.

Der „Pilota", der unvermeidliche Lotse, springt von der Jacobsleiter auf die kleine Barkasse herunter, die längsseits gekommen ist und sich schnell wieder von der Steuerbordseite löst. Die SEA CLOUD ist wieder auf sich selbst gestellt. Mit würdevoller Gelassenheit schiebt sich ihr Bug dem westlichen Horizont entgegen, der für kurze Augenblicke noch durch einen schmalen rotgoldenen Streifen markiert wird, bis ihn uns die hinter ihm herabfallende Sonne als Orientierungslinie entzieht.

*

Für die Stunden nach dem Dinner ist Seefahrtsromantik pur angesagt: Tom hat eine Gruppe sangesfreudiger Crew-Mitglieder zusammengetrommelt und ein kleines Repertoire aus Klassikern der Shanty-Literatur einstudiert.

Nicht, daß es auf der SEA CLOUD überhaupt einen Bordchor gibt, entlockt den Passagieren beifälliges Erstaunen, wohl aber die Qualität der Stimmen und die Fröhlichkeit, mit der Jungen und Mädchen davon Gebrauch machen. Man spürt: wenn sie singen, sind sie mindestens eben so begeistert bei der Sache wie bei ihrer Alltagsarbeit, ganz gleich, ob im Restaurantservice, als Kabinenpersonal oder als „Deckshand". Auch wenn die alten Shanties, bei denen Tom auf dem Akkordeon den Ton angibt, von der Realität des heutigen Bordlebens weit entfernt sind - eine gehörige Portion Nostalgie wird immer wieder gern genommen. Wie sonst könnte die SEA CLOUD eine reelle Chance haben, heute noch die Herzen zu bewegen?

Die Erinnerung an die „gute" alte und so überaus harte Segelschiffzeit verbindet sie miteinander, die Aktiven auf der SEA CLOUD, und diejenigen, die es sich hier acht Tage lang als umsorgte und verwöhnte Gäste gutgehen lassen . . . „Around Cape Hoorn" ist für sie ja nur ein Stück verklärender Romantik und nicht eine Zerreißprobe für die Nerven mit fast unerträglichen körperlichen Strapazen.

Wo könnten sich die alten Arbeitslieder aus der Windjammerzeit schöner entfalten als unter einem Rigg, in dem der Wind die Oberstimme dazu pfeift, und auf einem schwankenden Deck, das den Rhythmus dazu vorzugeben scheint?

Dabei verdankt der Shanty seinen Ursprung dem entgegengesetzten Zusammenhang: Nicht die Alltagsarbeit bestimmt seinen Takt, sondern er selbst war das Medium, das der monotonen Arbeit ihr Tempo und ihre Struktur gab.

Weil sich das Gangspill nicht gleichmäßig drehen ließ, sondern ruckweise bewegt werden mußte, brauchte man den eintönigen Rhythmus der Arbeitslieder, um die Kraft vieler Hände auf bestimmte, immer wiederkehrende Bewegungen

Vierter Tag

zu konzentrieren. Bei den jeweils betonten Musikakzenten legten sich die Seeleute in die Spillstaken, speichenähnliche Hebel, mit deren Hilfe die Winden bewegt wurden. An den unbetonten Stellen sammelten sie Kraft für den nächsten Schub. Und so war es bei fast allen Arbeiten, die gemeinsam verrichtet werden mußten.

In der Vorstellung der alten Fahrensleute war ein Shanty denn auch kein Lied im eigentlichen Sinn. „Ein Shanty", hat ein Seemann einmal auf die Frage eines Journalisten geantwortet, „ein Shanty – das sind zehn Mann am Tau."

Allenfalls waren für die Fahrensleute Shanties nichts anderes als im Arbeitsrhythmus gesungene Flüche und Zoten - ein Ventil, durch das man sich Frust, Verärgerungen und Aggressionen aus der Seele sang. Manchmal auch die auf langen Reisen angestaute Wehmut, das Heimweh und die Sehnsucht nach den lange entbehrten erotischen Abenteuern, zu denen man ja den Seeleuten zu allen Zeiten ein besonders ausgeprägtes Talent nachsagte.

„Fern der Heimat winket – Liebchens Äuglein blinket!" sehnsüchtelt es in einem Shanty.

Ein anderer kommt ziemlich unverblümt zur Sache und signalisiert, daß sich die Janmaaten nicht unnötig lange mit der Vorrede aufhielten. Wie sollten sie auch? Der Blaue Peter war ja oft schon gesetzt, mahnte zur Rückkehr an Bord, und forderte vom Seemann seine Verführungskünste ohne Umschweife zur Wirkung zu bringen. Ein Shanty gab ihm das zeitsparende Rezept mit auf den Landgang:

„Wat wüllt wi noch lang buten rümstohn, loot uns man beten no boben ropgohn!"

Und in einem anderen Shanty wird trotzig verkündet, wie man sich an den die amourösen Freuden vermittelnden Göttern zu rächen gedachte, wenn sie ihren Schützling nach seiner Rückkehr von der „deep blue sea" nicht gebührend zum Zuge kommen ließen: Rum und Whisky satt, wenn's sein muß auch mehr als ein Mann vertragen kann. Auf jeden Fall aber weitaus mehr als sich ein Seemann erträumen durfte, wenn an Bord das Kommando „Besanschot an!" ertönte, das die Crew aufforderte, sich am hinteren Mast einzufinden und ihre Schnapsration – die zumeist mit einer Kelle ausgeschenkt wurde – abzuholen. Geschöpft wurde meistens Rum aus einem Faß – hochprozentig und effizient in Bezug auf die Wirkung; denn es kam ja darauf an, den Seemann die Mühen des harten Arbeitsalltags möglichst schnell vergessen zu lassen.

Hans Leip blitzt in der Erinnerung auf, den man als nicht mehr zeitgemäß längst beiseite gelegt hatte; vielleicht nur deshalb, weil uns seine gereimte Geschichte als nicht mehr zeitgemäß erschien:

Es dampft der Grog, die Brösel qualmen,
und Bilder schweben mancherlei,
von Meer und Glück und Inselpalmen,
und Shanties steigen fromm wie Psalmen.
Die Schiffe rauschen sacht dabei.

Gute Gründe, einen auszugeben, fand der Kapitän eigentlich immer, wie ein Autor unserer Tage feststellt: „Außer der Reihe wurde auf See Rum ausgeschenkt, wenn besondere Anforderungen an die Mannschaft gestellt worden waren.

Mit Sea Cloud auf See

Er spielte beim Nachsturmfrühstück eine Rolle, wenn die Besatzung eine ganze Nacht um die Sicherung des Schiffes gegen Taifun und Hurrikan gekämpft hatte. Manche Kapitäne gaben aber auch einen aus, wenn die Männer bei stürmischem Wetter aus der Takelage kamen. Weitere Anlässe zum Trinken waren die Äquatortaufe, die erste Kap-Hoorn-Rundung, die geglückte Abwehr von Seeräubern, das Weihnachtsfest und Neujahr."

Die kreuzfahrterprobten Gäste auf der SEA CLOUD bedürfen keines Anlasses, „Besanschot an!" zu üben. Sie müssen sich nicht einmal zum Besanmast bemühen, um der Freuden des Hochprozentigen teilhaftig zu werden. Simons Revier liegt auf halber Strecke dorthin.

Nach einigen „Manhattans", „Bloody Maries" oder „Sea Cloud Specials" fühlt man sich von allen guten Geistern der See liebevoll in die Arme geschlossen und ist bereit, all die poetischen Umschreibungen und Charakterisierungen zu akzeptieren, die phantasiereiche Dichtersleute für Segelschiffe gefunden haben: „Allwettervögel mit Leinwandgefieder" ist sicher eine schöne und griffige Metapher, die auch die SEA CLOUD ohne Einschränkungen für sich in Anspruch nehmen darf.

Nach zwei weiteren flüssigen Ermutigungen der Seele geht dem Gast zuweilen sogar die Hemmung über Bord, sich in der sonst so sehr verschmähten Kunst Terpsichores zu üben. Auf dem Deck der SEA CLOUD darf getanzt werden! Was auf den manchmal schwankenden Planken eines Segelschiffs gelegentlich zu einem bemerkenswerten Formenreichtum des physischen Ausdrucksvermögens führt.

Schließlich leistet die leichte Seeluft, angereichert durch den Duft alkoholischer Stimulanzien, auch der Sangesfreude Vorschub, und manch ein Gast reiht sich in Toms Shanty-Riege ein, um seiner Affinität zur Welt des Seemanns lautstark Ausdruck zu geben. Einer greift sich sogar den „Ziehsack", eine bodenständige „Quetschkommode", die etwas feiner „Schifferklavier" und korrekt „Akkordeon" heißt. Mit „Auf der Reeperbahn nachts um halb eins" beschwört er nicht nur Erinnerungen an das blonde Küstengewächs Hans Albers herauf. Er weckt auch Heimatgefühle bei denen, die irgendwo in der Gegend zwischen Nord- und Ostsee zu Hause sind, wo die SEA CLOUD 1931 Bekanntschaft mit ihrem Element geschlossen hat.

Auch Kapitän Herwig gehört zu diesen „Nordlichtern". Und wenngleich römische Überheblichkeit diesen Küstenmenschen mit der ebenso lapidaren wie falschen Behauptung „frisia non cantat" das Talent zu musikalischer Ausdrucksfähigkeit abgesprochen hat, so erweist sich dieser Kapitän als außerordentlich sangesfreudiges Exemplar seiner Gattung. Nicht nur als Vorsänger des Shanty-Chors, sondern auch als stimmgewaltiger Solist. Bis hin zu jenem stimmungsvollen Ausklang, der Johannes Brahms das Herz erweichen würde:

„Guten Abend, gute Nacht!"

Auch beim Singen gilt Klaus Herwig die alte Kapitänsregel, „der Alte" habe als letzter die Kampfstätte zu verlassen. Die des Kampfes gegen Sturm und See ebenso wie die gegen Müdigkeit.

„Morgen früh, wenn Gott will, stehst du wieder am Spill."

Fünfter Tag

**Genossen der segelnden Fahrt,
Ach, ihr Schwinger des Ruderarms,
Ihr allein seid des Führers Trost.**
Stolberg

Um 9.15 Uhr Ortszeit meldet die Brücke unsere Position: Die SEA CLOUD befindet sich auf 41° 1' nördlicher Breite und 7° 33' östlicher Länge.
Am abend zuvor haben wir die Bonifatiusstraße durchfahren und das Schauspiel der Lichter zu beiden Seiten genießen können: An Steuerbord die der Südküste Korsikas, an Backbord die des Golfs von Asinara mit dem Punta dello Scorno.

Seit dem Auslaufen aus Neapel haben wir 376 nautische Meilen zurückgelegt – unter Segeln, die auf weiten Teilen der Strecke gesetzt waren, ist das eine beachtliche Leistung.

Ein steifer Wind von etwa 7 Beaufort aus Süd-Südwest zeichnet filigrane Schaumkronen auf die Meeresfläche. Das ist die Gelegenheit, das Schiff zeigen zu lassen, was es kann.
„Viel Zeug" ist angesagt, wenn auch bei weitem nicht „volles Zeug". Pünktlich um acht Uhr schicken die Mast Captains ihre Jungen und Mädchen in die Wanten. Eine halbe Stunde später durchpflügt die SEA CLOUD die Strecke nordwestlich Sardiniens auf Kurs 350 Grad mit stolzen 10,5 Knoten – mehr als noch ein paar Wochen zuvor in der Ägäis, wo man es unter ähnlichen meteorologischen Bedingungen gerade auf neun Knoten gebracht hatte.
Nachmittags hat die SEA CLOUD im Leeschatten der sardischen Küste ein „Loch" gefunden, in dem kein Lüftchen weht. Nur spiegelglatte See um uns herum – angesichts der Wettervorhersage für diese Region ein Wunder, das auf eine unerklärliche Art bedrohlich wirkt.

„Wir bekommen auf jeden Fall besseres Wetter!", hatte der Kapitän besorgt fragenden Passagieren versprochen. Dann aber mit einem unheilsignalisierenden Glitzern in den Seemannsaugen hinzugefügt: „Wir wissen nur nicht, wann!"

Jetzt hat es sich die SEA CLOUD auf der wellenlosen Fläche des Mittelmeeres bequem gemacht als wolle sie ausruhen von den Herausforderungen der vergangenen Nacht.

Der „Morgen danach" ist – wenn es denn ein ruhiger Morgen ist – für die Passagiere immer eine willkommene Gelegenheit zur Manöverkritik, aus der sicheren Distanz des Überstandenen ihre Fragen zu stellen, bewundernd noch einmal die Leistung der Mannschaft zu rekapitulieren.

„Die Crew macht das Schiff", sagt der Kapitän, und jeder in der Runde spürt das Kompliment, das er seiner Mannschaft damit macht. Obwohl die Erkenntnis natürlich nicht neu ist.

Francis Drake, der größte Pirat Ihrer Majestät Elisabeth I., hat es der staunenden seefahrenden Welt vorgemacht, was sich mit einer motivierten Mannschaft anfangen läßt. Und von Lord Hawke, der einst die französische Flotte auf die Klippen von Quiberon getrieben hat, ist der Ausspruch überliefert: Eine minderwertige Mannschaft auf einem guten Schiff ist weniger wert als ein minderwertiges Schiff mit einer guten Besatzung!"

Mit Sea Cloud auf See

Was ist erst eine gute Mannschaft auf einem guten Schiff wie der SEA CLOUD?

Allein schon nach seiner personellen Besetzung ist die SEA CLOUD ein kleiner in sich geschlossener Mikrokosmos nationaler Vielfalt. Die Philippinos, denen von ihren Offizieren hervorragende Seemannschaft bescheinigt wird, bilden die zahlenmäßig auffälligste ethnische Gruppe des Deckspersonals. Bei den übrigen Besatzungsmitgliedern reicht das Spektrum quer durch alle Nationalitäten: Der Erste Offizier stammt aus der Ukraine und hat seine Erfahrungen auf der „Towarischtsch" gesammelt. Der Dritte Offizier, von seinen Kameraden liebevoll „Richard III." genannt, stammt aus den USA. Die Cruise Direktorin, die Zahlmeisterin, der Küchenchef und der Chief Steward haben deutsche Pässe. Der Bordelektriker kommt aus Großbritannien. Der Barchef Simon, dem der Kapitän den Ehrentitel „lebende Bordzeitung" an die Brust geheftet hat, stammt aus Polen, und dazu kommen noch Crewmitglieder aus der Schweiz, aus Skandinavien, aus Japan und aus Südafrika.

*

Nach ein paar Seetagen ist es offenkundig, daß jeder an Bord seinen Lieblingsplatz gefunden hat. Diejenigen, die sich gern ausstrecken, räkeln sich auf den blauen Kissen des Achterdecks.
Die meisten bevorzugen das Lidodeck, und sicher ist es eine böswillige Unterstellung, sie fühlten sich dorthingezogen, weil es die strategisch günstigste Position zur Bar hin ist.
Die großen Schweiger (was ja nicht heißt, daß sie deshalb in tiefen Gedanken versunken seien), klettern auf das Monkeydeck oberhalb der Kommandobrücke und nehmen dafür gern in Kauf, daß ihnen von Zeit zu Zeit ein paar Rußpartikel aus dem Schornstein ins Gesicht fliegen.

Einer der phantasieanregendsten Plätze ist die Brückennock mit der einladenden Sitzbank auf der Backbordseite. Bei ruhiger See ist das wie eine kleine Vorgartenidylle neben der Kapitänskajüte. Bei einer steifen Brise der richtige Platz, sich den Seewind um die Nase wehen zu lassen und - wie es Heinrich Heine einmal formuliert hat - ein paar „süße Garnichtsgedanken" zu denken: einfach über die weite Silberfläche hinwegzuträumen, die von der Nachmittagssonne auf das Meer gelegt wurde, dem geheimnisvollen Singen des Windes im Rigg zu lauschen, aus dem mit etwas Gespür für die Mysterien der Natur das Locken der Sirenen herauszuhören ist, zu deren Gesang das laufende Gut den Takt schlägt.

Der Blick gleitet über den Fockmast, klettert gleichsam an ihm empor, verfängt sich im Masttop, zeichnet in Gedanken die Figuren nach, die die Mastspitze in den Himmel schreibt. Und erst die über das Schanzkleid herüberschäumende Gischt, die einen feinen Sprühregen über das Brückendeck legt, wenn der Bug der SEA CLOUD wieder einmal allzu temperamentvoll in ein Wellental eingetaucht ist und das Geräusch der Maschine verraten, daß sich das Heck für wenige Augenblicke aus seinem Element zu befreien versucht.

Welch ein Platz, um sich in der wärmenden Sonne die steife Westnordwestbrise als die Sinne berauschenden und die Haut massierenden Atem

Fünfter Tag

der Urgewalten ins Gesicht wehen zu lassen. Welch ein Platz, um auf sanfte Art den Hauch jener Kräfte zu erahnen, die zu anderen Zeiten und manchmal ohne warnende Vorankündigung zu zerstörerischer Bedrohung anwachsen können! Welch ein Platz auch, um den wiegenden Planken unter sich Standfestigkeit abzutrotzen, und welch ein Platz, den sich vor dem Horizont verneigenden und im nächsten Augenblick kraftvoll sich aufbäumenden Klüverbaum als Herzschlag des Schiffskörpers zu empfinden, seinen Rhythmus als Lebensäußerung eines von Menschen erdachten maritimen Kunstwerks zu deuten, dem die Seeleute zu allen Zeiten die Charaktereigenschaften lebender Wesen zuordneten, vorzugsweise – die ihnen oft monatelang aufgezwungene Enthaltsamkeit mag sie zur Einforderung der Absolution berechtigen – die einer Frau.

*

Ein Schiff wie die SEA CLOUD zu segeln – das verlangt mehr als die Kenntnis um das Zusammenwirken von Kräften, die auf das Schiff einwirken, und es verlangt mehr als die Kenntnis der technischen Hilfsmittel, um sich diese Kräfte nutzbar zu machen. Es verlangt vor allem Intuition und Fingerspitzengefühl. Ganz so, wie es weibliche Wesen von Männern einfordern; denn Schiffe sind gutmütig und störrisch zugleich, sie sind leicht zu lenken und widerspenstig, sie erweisen sich als sanft und anschmiegsam an ihr Element, und sie geben sich zugleich schroff und leisten Widerstand gegen alle Regeln der Physik; sie behaupten sich gegen alle Strömungen oder sie lassen sich bereitwillig von ihnen forttragen. Man kann ein Schiff wie eine Frau zähmen – oder man kann daran verzweifeln! Die Schiffsseele zu verstehen – das ist die eigentliche Kunst des Segelns. So hat es denn auch Sinn, was uns Kapitän Herwig in kleiner Runde als sein Geheimnis im Umgang mit der SEA CLOUD verrät: Wenn sich die kapriziöse Dame einmal auf gar nichts einlassen wolle, wenn sie sich wider alle physikalische Vernunft aufbäume und sich jeder Aufforderung zu einem bestimmten Verhalten zu widersetzen trachte, dann helfe meist nur gutes Zureden.

„Nun komm schon, gutes Mädchen", flüstert er ihr dann zu. „Nun mach schon, was ich von dir will, weil es einfach sein muß!"

Und meistens, so versichert uns der Kapitän glaubhaft (wer will sich schon weigern, einem „master next God" etwas zu glauben?) lasse sich das Problem dann lösen.

Ein guter Kapitän hat auch immer ein wenig Psychologe für komplizierte Schiffsseelen zu sein. Und vielleicht sogar ein wenig abergläubisch! Wenn der Glaube Berge zu versetzen imstande ist, dann hilft bei Wellenbergen vielleicht von Zeit zu Zeit etwas Aberglaube.

Ein Fahrensmann des späten 20. Jahrhunderts befindet sich da gar nicht einmal in schlechter Gesellschaft seiner Berufsahnen des 17. und 18. Jahrhunderts, die aus jeder Ungereimtheit, die ihnen auf dem Mikrokosmos ihres Schiffes widerfuhr, irgendein Omen für das ihnen anvertraute Schiff und seine Mannschaft herauszulesen imstande waren.
Ob die Möwen hoch oder tief um das Schiff herumkreisen – in jedem Fall bedeutete dies einen aufziehenden Sturm.

Mit Sea Cloud auf See

Wenn ein Gaffel knarrte, durfte sich der Schiffer auf günstigen Wind freuen. Wenn dagegen die Fallen ohne erkennbaren Grund zitterten, stand eine Flaute ins Haus. Und nichts hatte ja ein Seemann in der Zeit der Tiefwasser-Segler mehr zu fürchten als das Ausbleiben des Windes, der ihn seinem Ziel entgegentragen sollte. In diesem Fall wurde ein Schiffsjunge in die Wanten geschickt, um mit einer Kelle gegen die Segel zu schlagen. Oder der Kapitän selbst kratzte am Mast. Irgendwann kam dann unweigerlich wieder Wind auf. Half selbst das einmal nicht, dann rief der Schiffsführer dem Rasmus provozierend zu, er solle doch versuchen, dem Schiff die Masten und Stengen zu brechen - was er manchmal auch tat und dann dafür verflucht wurde! Was allerdings aber auch ein Beweis für die Tiefe Weisheit des Kapitäns war, der mit den ungezähmten Mächten umzugehen verstand.

Wo der Seemann mit seinem Latein am Ende zu sein schien, bediente er sich in der Segelschiffzeit gern seiner manchmal sichtbaren und mehr noch hörbaren Helfer auf See, allen voran des Klabautermanns.
Anders als dies viele Landratten glauben, ist der Klabautermann keineswegs nur ein unheilverkündendes Schreckgespenst, sondern durchaus ein guter Schiffsgeist. Als „Kalfatermann" - davon leitet sich sein Name ab – bessert er undichte Stellen am Schiff aus. Und wo er selbst nicht eingreift, macht er die Mannschaft durch nachhaltiges Klopfen auf solche Mängel aufmerksam.

Das Zuhause des Klabautermanns hatten altgediente Seeleute unter der Ankerwinde geortet. Bei aufkommendem Sturm stand das Männchen - lange bevor solche meteorologischen Veränderungen zu spüren waren – am Großmast. Und nur, wenn er auf einer Rah sitzend beobachtet wurde, kündigte sich damit ein Unheil für das Schiff und seine Männer an.

Um solche Schicksalsschläge von vornherein auszuschließen, wurden schon beim Bau eines Segelschiffs entsprechende Vorkehrungen getroffen. Ein paar Stücke gestohlenen Holzes mitzuverarbeiten galt als Garant für gute Segeleigenschaften.

Nun wird sich Marjorie Merriweather Post bei allem übrigen Luxus den des gestohlenen Holzes kaum geleistet haben.
Aber daß in den Fockschuh des Mastes, bevor dieser aufgerichtet wurde, als „Bauopfer" ein Goldstück gelegt wurde – dieser Brauch ist auch noch 1931 auf der Kieler Germania-Werft gepflegt worden.

Schießlich hatten die amerikanischen Millionäre den Bauauftrag auch deshalb nach Kiel gegeben, weil man sich dort auf die Tradition des Segelschiffbaus verstand.

**Auch auf die Tradition
beschwörender Rituale!**

Sechster Tag

Sechster Tag

**Wo Brecher übers Vorschiff rauschen
und Rasmus tobt in blinder Wut
da möchte ich mit keinem tauschen,
der seine Zeit an Land vertut.**
Bern Hardy

Die SEA CLOUD erreicht Menorca, die östlichste der Balearen-Inseln: Knapp 700 Quadratkilometer Landschaftsparadies zwischen dem Kap la Mola und der Landzunge von Bajolt; rund 17 Kilometer Küstenlinie, ein abwechslungsreiches Naturschauspiel aus zerklüfteten Küsten mit malerischen Buchten. Sie geben den Booten der menorquinischen Fischer und den Privatyachten, die um diese Jahreszeit das mediterrane Flair rund um die Balearen bereichern, bei schlechtem Wetter Schutz und bei schönem Wetter den träge vor sich hindümpelnden Luxusschiffen eine pittoreske Kulisse.

Niemand soll sagen, unsere Urahnen an den dunklen Ursprüngen der Menschheitskultur hätten sich nicht auf das verstanden, was man heute mit der vagen Vokabel „Lebensqualität" umschreibt. Auch wenn wir nicht genau wissen, wie die Menschen der Bronce- und Eisenzeit in der Vorgeschichte Menorcas genau gelebt haben, so haben wir doch Grund zu der Annahme, daß sie sich in ihren Großhöhlen einigermaßen wohlgefühlt haben.

Immerhin haben sie sich in ihren „Navetas" nicht nur auf ein für ihre Zeit recht komfortables Leben, sondern auch auf eine lange Ewigkeit eingerichtet.

Etwa 4000 Jahre liegen diese Ursprünge zurück.

Aber der Reiz dieses Fleckchens Erde im westlichen Mittelmeer ließ Begehrlichkeiten wachwerden.

Als sich die Ureinwohner in ihren Großsiedlungen der Megalithkultur mit den eindrucksvollen Wehrmauern und den Bestattungshöhlen in steilen Schluchten gerade häuslich eingerichtet hatten, kamen Kolonisten, die glaubten, ihnen die richtige und einzig wahre Kultur bringen zu müssen. Koloniale Einflüsse aus punischer Zeit haben sich verewigt, und im Jahr 123 sind die Römer mit ihrem unbezähmbaren Eroberungsdrang einmarschiert und erklärten die Balearen für ihr Eigentum.

Seitdem hat sich das menorquinische Volk anderthalb Jahrtausende lang an wechselnde Herrschaften gewöhnen müssen. Und oft kamen auch jene wieder, die schon einmal dagewesen waren, um sich wiederzuholen, auf was sie sich schon einmal einen Anspruch erkämpft hatten.

Die Menorquiner mußten sich dem Kalifat von Córdoba unterwerfen und Alfonso III., sie kamen unter die Krone von Aragonien-Katalonien, sie mußten sich die Zerstörung ihrer Stadt Mahon und später Ciutadella durch die Türken gefallenlassen, und sie mußten erleben, wie 1713 der Union Jack als Ergebnis des spanischen Erbfolgekrieges über ihrer Insel flatterte und mit einigen Unterbrechungen einhundert Jahre lang dort gehißt blieb. Erst mit dem Vertrag von Amicus im Jahr 1802 kam Menorca wieder unter spanische Herrschaft.

Mit Sea Cloud auf See

Lord Nelson, der in seinem kurzen Leben nicht allzu viel Zeit hatte, dafür aber Momente kaum nachvollziehbarer Triumphe erlebt haben dürfte, soll sich auf diesem kleinen Eiland besonders wohlgefühlt haben und etliche Jahre geblieben sein.

Kein Seemann hat den ehrfurchtsvoll erzählten Heldengeschichten seiner Zeit mehr Nahrung gegeben, keiner hat die Phantasie der Nachwelt mehr beflügelt als dieser unscheinbare, zerbrechliche, vom Schicksal gebeutelte Horatio Nelson.

Auf dem Höhepunkt seines Ruhms hatte der noch nicht einmal Vierzigjährige nur noch einen Arm und weniger als das halbe Augenlicht. Aber er hatte schon einem ganzen Bündel von Krankheiten getrotzt: Depressionen, das immer wiederkehrende Leiden der Seekrankheit, sobald er mit einem Schiff hinausfuhr, die lange Zeit nicht heilende Wunde der Armamputation, eine gefährliche Kopfverletzung, die er sich bei Abukir im Kampf gegen Napoleon zugezogen hatte und die ihm eine nie aufhörende Übelkeit bescherte.

Als Horation Nelson die Schwelle zu seinem fünften Lebensjahrzehnt überschritten hatte – und mithin im besten Saft stand, was seine Geliebte Lady Hamilton bestätigen konnte – begannen ihn Herzattacken zu quälen. Hinzu kamen Probleme mit dem Magen – zusätzlich zu der permanenten Übelkeit. Und hinzu kamen auch andauernde Zahnschmerzen und Hustenanfälle. Fast regelmäßig spuckte er Blut.

Wie konnte ein solches Stück menschlichen Elends, diese von den Schicksalsgezeiten an den Strand des Lebens gespülte Existenz, die Welt und seine Gegner zur See so in Atem halten, wie es Admiral Nelson gelang?

Und wie konnte sich ein solcher Mann zu einem Beispiel großartiger menschlicher Größe aufschwingen, wenn es darum ging, für die ihm anvertrauten Seeleute zu sorgen und ihnen bei aller notwendigen Härte das Leben an Bord erträglich zu machen?

Horatio Nelson war ein Vorbild an Seemannschaft. Ob sich eine Geschichte tatsächlich so abgespielt hat, wie sie uns der Schriftsteller Wolf Schneider übermittelt, oder ob es lediglich eine Szene aus einem aufregenden Leben ist, wie sie sich hätte ereignen können – was macht den Unterschied? Und deshalb ist sie nacherzählenswert:

„Zu einem Seekadetten, der Angst hatte, zum erstenmal in den Mastkorb zu klettern, sagte er: `Ich steige jetzt selbst hinauf und bitte Sie, sich dort ebenfalls einzufinden.´" Oben erklärte er dem Knaben, er sehe selbst, wie töricht es gewesen sei, davor Angst gehabt zu haben; er möge sich jetzt den nächsten Kadetten greifen, diesem vorausklettern und ihm oben erklären, nun sehe er selbst..."

Horatio Nelson war die personifizierte Siegesgewißheit, das glatte Gegenteil dessen, was die Engländer einen „Looser" nennen. Und er verfügte über das Charisma, diese Eigenschaft auf seine Mannschaft zu übertragen.

Joseph Conrad schreibt über ihn, er habe seiner Flotte die Leidenschaft und seinen Ehrgeiz eingehaucht und in wenigen Jahren nicht etwa die Taktik der Seekriegsführung revolutioniert, sondern die Grundidee des Sieges.

*

Sechster Tag

Um 14 Uhr hat sich die SEA CLOUD von der Pier in Mahón gelöst. Mit zunehmender Entfernung offenbart uns die Insel noch einmal ihr sonniges Küstenpanorama mit der palmenbestandenen Hügellandschaft und der romantischen Küstenstraße, an der sich die kleinen Fischerhäuschen aneinanderreihen wie glänzende Perlen einer Kette.
Längst scheinen diese Häuser entlang der Hafenstraße ihre eigentliche Funktion als Wohnhäuser kärglich lebender Fischersleute aufgegeben und sich den Bedürfnissen eines ständig wachsenden Tourismus geöffnet zu haben. Andenkenläden, Bars, Straßencafés und kleine gemütliche – wenn auch nicht in jedem Fall appetitliche – Restaurants versuchen auch noch um diese Jahreszeit ein paar versprengte Fremde anzulocken und zur kulinarischen Annäherung an die katalanische Küche einzuladen.

Obwohl der Küchenchef der SEA CLOUD angekündigt hat, seinen Gästen für den Abend regionale Spezialitäten aufzutischen, können einige von uns den Verlockungen der vor den Restaurants ausgehängten Speisekarten nicht widerstehen: Mit „S´Oliaigua", einer anregend gewürzten Tomatensuppe, vor „Alberginies al forn", was überbackene Auberginen bezeichnet, oder auch nur dem als „formatjades" bezeichneten Käsegebäck und den berühmten, für viele allerdings etwas zu süßen „Ensaimadas", empfiehlt sich Menorca unserer Erinnerung.

Dem Zuspruch zum Abendessen an Bord haben die Kostproben an Land keinen Abbruch tun können, und die auf diese Weise gewonnene Erkenntnis, daß die SEA CLOUD-Küche auch diesem Vergleich standzuhalten vermag, beflügelt unseren Appetit für die vor uns liegenden drei Tage.

Vor dem Glockenschlag zum Abendessen strebt alles noch einmal achtern aufs Lidodeck. Unser Bord-Entertainer der schier alles aus dem Ärmel schüttelt auf der breiten Palette zwischen Bachs „Toccata in D" und Nat King Coles „Unforgetable", bietet seinen Landsleuten noch einmal einige locker hingeplauderte Anekdoten aus der Geschichte der SEA CLOUD an. In das Lachen, das vom Lidodeck von Zeit zu Zeit über das Schiff weht, mag bei den amerikanischen Paasagieren ein wenig Wehmut anklingen, daß die Stars and Stripes schon seit langem nicht mehr am achterlichen Flaggenstock wehen. Die SEA CLOUD, die ihren Heimathafen in ihrer jüngeren Vergangenheit schon ein paarmal gewechselt hat, fährt unter Maltaflagge und ist in La Valetta registriert.
Das Achterschiff – nicht nur das Lidodeck, sondern auch die „Blaue Lagune" vor dem Flaggenstock – ist zwischen dem Nachmittagskaffee und dem Sonnenuntergang der gesellschaftliche Mittelpunkt des Schiffes.
Ein Parkett, das mancherlei Rätsel zu lösen aufgibt. Nicht nur solche, die uns der eine oder andere unserer Mitreisenden beschert. Neugier weckt auch eine kleine Luke hinter den Decksaufbauten, in der man das Werkzeug des Schiffszimmermanns oder die Utensilien des Segelmachers vermutet. Es könne auch sonst allerlei Brauchbares darin untergebracht sein – und was wäre auf einem Segelschiff nicht brauchbar?

Was dann tatsächlich darin verstaut ist, wird uns an Landgangstagen durch eine slapstickartige Szene offenbart, die sich immer wiederholt,

Mit Sea Cloud auf See

sobald das Kommando „Besatzung alle Mann an Bord" erfüllt ist: Irgendeiner der jungen Männer schleppt dann ein Klappfahrrad über das Deck, öffnet die Luke und versucht es heineinzuheben. Da das Rad aber offenbar nur in einer einzigen Faltposition in einem einzigen Winkel durch die enge Luke zu bringen ist, erleben wir jedesmal, wie sich der Fahrradbenutzer abmüht, bis er den richtigen Dreh gefunden hat. Die Szene hat einen hohen Unterhaltungswert, und alle Zuschauer wären sicher enttäuscht, wenn es einem der Männer einmal gelingen würde, das Wunder schon beim ersten Anlauf zu vollbringen! Allein schon wegen dieser sich fast täglich wiederholenden Szene lohnt es sich, vor dem Abendessen noch einmal dem Achterschiff der SEA CLOUD einen Besuch abzustatten.

„Achtern" – das war ja, soweit die Segelschiffahrt zurückreicht, immer die feine Seite des Schiffes. Auf dem Achterdeck wohnten diejenigen, die etwas mehr galten und in der Bordhierarchie schon hochgeklettert waren:
Der Kapitän, die Steuerleute, der Schiffszimmermann und auch der Schiffskoch. Sie waren die wichtigsten Männer an Bord, und es galt, sie bei Laune zu halten.

Wer „vor dem Mast" fuhr, der hatte nicht nur wenig zu melden, sondern er mußte auch mit dem Mannschaftslogis im Vorschiff vorliebnehmen. Auch heute ist das noch so. So ist es kein Wunder, daß viele der Gäste an Bord sich gern einmal durch den engen Niedergang in den Bauch des Vorschiffs gequält hätten, um einen neugierigen Blick in die Kadettenquartiere und die Kadettenmesse zu werfen. Der Kapitän weist solche Wünsche stets mit dem Hinweis zurück, man solle seinen Mädchen und Jungen dieses winzige Plätzchen privaten Lebens lassen und nicht in ihre Intimspäre eindringen. Denn natürlich bedeutet die Fahrt auf einem Segelschiff für die Decksmannschaften weitgehenden Verzicht auf die Privatheit, die junge Menschen an Land ganz selbstverständlich für sich in Anspruch nehmen können. Hier an Bord läßt die Enge keine anderen Unterbringungsmöglichkeiten zu, und so bedeutet Segelschiffahrt auch heute noch ein hohes Maß an Entbehrungen.

Ein wenig gilt für die jungen Leute auch heute noch, was im 18. und 19. Jahrhundert vielfach beschrieben wurde und die Landratten mit gruselnder Ehrfurcht erfüllte.

Das Vorschiff war stets der feuchteste Raum auf den Seglern. Und weil zudem die Gefahr bestand, daß die Ladung verrutschte, mochte man keiner wertvollen Ladung das Vorschiff zumuten. Die Mannschaft hingegen fand hier Gelegenheit, sich zu bewähren und sich in Härte zu üben. Hier im Vorkastell oder Vorpiek machte sich das Rollen und Stampfen des Seglers am unangenehmsten bemerkbar.

Wer seine Zeit „vor dem Mast" abgerissen hatte, galt als fertiger Seemann, dem man alles abverlangen und alles zutrauen durfte.
Oft seien die im Vorkastell untergebrachten Matrosen nächtelang nicht zum Schlafen gekommen, wird von der Fahrt eines der „Santa Maria" von Kolumbus nachgebauten Seglers berichtet. Nicht nur, weil die dort nicht fest verzurrten Gegenstände wie Seekisten ständig verrutschten,

75

Sechster Tag

sondern vor allem auch, weil „das Holz der Verbände und Masten auch bei normalem Seegang ununterbrochen knarrte und ächzte".

Außerdem war es in den Mannschaftsquartieren des Vorschiffs eng. Noch zu Zeiten der Königin Victoria – als die britische Flotte als die stärkste der Welt galt – stand dem einfachen Seemann kaum mehr als ein Quadratmeter Schlafplatz zu. Und das teilte er noch mit den Ratten. Sie zu jagen, hatten die Männer längst aufgegeben. „Nicht sie lebten unter uns", hatte einst ein Fahrensmann resignierend geschrieben, „sondern wir unter ihnen!"

Solchen Plagen sind die jungen Leute auf der SEA CLOUD heute natürlich nicht mehr ausgesetzt. Aber eng ist es in ihrem Quartier immer noch. So eng, daß man schon eine gehörige Portion Leidenschaft für das Leben an Bord und Liebe für das Schiff mitbringen muß, um sich einer solchen Einschränkung seiner Bewegungsfreiheit auszusetzen.
Entschädigt werden die Mädchen und Jungen, die „deckshands", auf dieser einzigartigen Viermastbark durch ein besonders ungewöhnliches Naturerleben, wie man es sonst nirgendwo auf der Habenseite seines Lebens als Erfahrungsschatz verbuchen kann. Sie werden entschädigt durch die Erkenntnis, viel mutiger zu sein als ihnen dies auszutesten an Land je die Chance gegeben worden wäre.

Die Arbeit an Bord bedeutet nicht nur Selbsterfahrung, sondern auch eine gehörige Portion Selbstüberwindung. Vielleicht wird nicht jeder dies so unumwunden zugeben wie der zwanzigjährige Edgar aus Heidelberg, der zwar die Antwort auf die diesbezügliche Frage nicht schuldig bleibt, der sie aber mit einem ausgeprägten Hang fürs Lyrische überraschend in die Worte eines Küstendichters kleidet und damit seine Gefühle präzis auszudrücken versteht:

**„Wenn nachts im Rigg die Böen pfeifen
als ob der Chor der Hölle schreit
und Brecher gurgelnd nach dir greifen,
dann heißt's den Arsch
zusammenkneifen.
Zum Händefalten fehlt die Zeit."**

Siebenter Tag

**Was soll die Furcht;
es ist das Meer,
das vor uns erzittert.**
Vasco da Gama

Am vorletzten Tag unserer Reise haben wir Ibiza vor dem Bug.
Genau 681 nautische Meilen hat die SEA CLOUD seit dem Auslaufen aus Neapel zurückgelegt. Die Brücke meldet uns um neun Uhr die Position 38 Grad 56 Minuten nördlicher Breite und zwei Grad eine Minute östlicher Länge.
Der Wind weht aus Süd-Südwest 3, und die Außentemperatur beträgt an diesem Spätoktobertag noch 22 Grad Celsius. Das Mittelmeer ist an dieser Stelle um fünf Grad kälter.

Die ruhige See, die Schiff, Besatzung und Passagieren heute nicht allzu viel abverlangt, scheint sich von der SEA CLOUD eine andere Abwechslung zu erhoffen. Und der Kapitän gönnt sie ihr: Für zehn Uhr setzt er ein Mann-über-Bord-Manöver an. Drei langgezogene Signale – durch die vorherige Ankündigung für die Passagiere ihrer Bedrohlichkeit beraubt – rufen die Rettungsmannschaft auf ihre Station.
Was allerdings für die Gäste einen hohen Unterhaltungswert hat, ist für die Besatzung keineswegs nur Routine.

**Man spürt den Ernst,
mit dem sie bei der Sache sind.**

Eine Boje, die den über Bord gegangenen Mann markiert, wurde achteraus zu Wasser gelassen. Als das Signal ertönt, treibt sie schon ein paar hundert Meter hinter uns im Kielwasser und ist mit bloßem Auge kaum noch zu erkennen. Unmittelbar nach dem Notsignal geht die SEA CLOUD in einem weiten Bogen auf 180 Grad Gegenkurs.
Wieselflink hat der Signalgast, der Ausguck, seinen Platz auf der Saling des Kreuzmastes erklommen und signalisiert mit zwei roten Flaggen für alle erkennbar die Richtung, in der er den auf dem Wasser treibenden Gegenstand gesichtet hat.
Kurze Zeit später hat die SEA CLOUD die im Wasser treibende Boje erreicht. Ein Boot mit einem Offizier und vier Mann Besatzung wird ausgesetzt und die Boje mit einem Enterhaken hereingeholt.
Nach exakt 16 Minuten kann die Jacobsleiter wieder eingeholt werden; das Manöver ist beendet. In einer guten Zeit, wie der Sicherheitsoffizier seine „Rettungsmannschaft" lobend wissen läßt.

Die Rollenverteilung ist für die ganze Reise festgelegt; denn für ein solches Manöver kann man nur die erfahrensten Seeleute einsetzen. 18 sind es insgesamt, verteilt auf die Aufgabenbereiche Ausguck, Rudergänger, Maschine und „Medical Party". Jeder weiß genau, was er im entscheidenden Augenblick zu tun hat; denn eine solche Situation muß auch nachts bei zehn Windstärken beherrschbar sein.

Inzwischen hat der Signalgast seine Position auf der Saling des Kreuzmastes verlassen und ist zur Manöverkritik heruntergekommen
Der Wachmatrose, der in der Segelschiffahrt seit dem 17. Jahrhundert belegt ist, aber den es mit Sicherheit schon viel früher gab, spielt auch in der

Siebenter Tag

Zeit moderner elektronischer Ortungssysteme eine unverzichtbare Rolle. Wenn es die Sicherheit des Schiffs erfordert, wird er auch heute noch in den Ausguck geschickt, um der Schiffsführung nicht nur andere Schiffe, sondern auch Seezeichen, Lichter, Feuer, Hindernisse und Land zu melden.
Im Fahrwasser, in verkehrsreichen Revieren, bei Nebel, in der Dunkelheit, in der Nähe gefährlicher Untiefen und bei Treibeis kann seine Aufmerksamkeit für das Schiff lebenswichtig sein.

Noch im vergangenen Jahrhundert war der „Utkiek" mit einem Horn ausgestattet, das er von Zeit zu Zeit ertönen ließ. Nicht nur, wenn es Gefahren zu vermelden gab, sondern auch, um die Offiziere auf der Brücke lautstark wissen zu lassen, daß er bei seiner eintönigen und ermüdenden Arbeit nicht etwa eingeschlafen war.

Früher war es üblich, bei Einbruch der Dunkelheit auch noch einen Ausgucksmann auf der Back zu postieren, einem Aufbau auf dem Vorschiff, der sich von Bord zu Bord bis zum Vorsteven erstreckt und oben durch das Backdeck begrenzt wird. „Seine Aufgabe bestand darin", beschreibt ein Kapitän in der Biedermeierzeit diese wichtige Position, „die Kimm zu beobachten und jedes Feuer, das in Sicht kam, sofort zu melden. Ein Schlag auf die Glocke hieß, an Steuerbordseite ist etwas zu sehen. Was, „sang" er hinterdrein. Kam etwas an Backbord auf, wurde es durch zwei Schläge gemeldet, und drei Glockentöne zeigten etwas direkt vor dem Bug an. Ferner war es des Ausgucks Pflicht, das Brennen der Positionslampen in ihren Feuertürmen seitlich der Back zu kontrollieren. War eine volle Stunde heran, schaute er nach den bunten Lichtern, schlug hinter den vollen Schlägen der Glocke am Ruder die Glasen in gebührend gemessenem Tempo, und sang danach durch die Hände: ‚Lampen brennen!' Worauf der Wachhabende mit einem langgedehnten ‚Aaay!' antwortend seine Zufriedenheit zu erkennen gab..."

Der Ausguck im Großmast der SEA CLOUD hat seine Aufgabe lautlos, aber durchaus zur Zufriedenheit des Kapitäns erfüllt. Es dauert nicht allzu lange, bis ein an der Steuerbordseite ausgesetztes Beiboot den über Bord gegangenen „Mann" eingefangen und auf das Schiff zurückgebracht hat und wir wieder auf Kurs gehen können.

*

Für den letzten Anlaufhafen hat der Meeresgott noch einmal seinen ganzen Charme bemüht und läßt uns auf spiegelglatter Fläche zwischen den beiden die Hafeneinfahrt sichernden Molen an die Pier von Ciudad de Ibiza gleiten.
Oberhalb des Hafens, auf dem Plateau des Hügels, ruht gebieterisch und in sich selbst versunken das Festungsmassiv mit seinen respekteinflößenden Bastionen: Zu Stein erstarrtes Zeugnis ewigen Machtstrebens, Symbol des enschlossenen Verteidigungswillens gegen die sturmlaufende Begehrlichkeit.
Bei näherem Hinsehen entpuppt sich die Verteidigungsanlage der einst von den Phöniziern gegründeten Stadt als nicht nur funktionales Meisterwerk der Verteidigungskunst, sondern als monumentaler Bau, der auch alle künstlerischen Ausdrucksformen der Hauptepoche seines Entstehens reflektiert. Die beiden italienischen Ingenieure Juan Baptista Calvi und Jacobo Paleazo

Mit Sea Cloud auf See

Fratin haben der Festung im 16. Jahrhundert die dekorativen Gestaltungselemente der Renaissance und damit eine unverkennbar Identität gegeben.

Unterhalb des Festungsmassivs leuchten die ineinander verschachtelten stahlend weißen Kuben der Wohnhäuser, die sich schutzsuchend in den Hang schmiegen, in der flimmernden Mittagssonne. Die Sonnenstrahlen setzen ihre gleißenden Lichtreflexe auf einige der exponierten Flächen und zaubern so ein verspieltes Mosaik aus Licht und Schatten, garniert mit den Farbtupfern der mediterranen Flora, die sich auf den Balkonen und in Mauernischen und Mansarden üppig wuchernd ausbreitet und den Blick auf sich lenkt:

Filigraner Reiz einer in Jahrhunderten gewachsenen Stadt, die sich wie eine Traube praller Früchte an ihren scheinbar ewig währenden Stamm hängt. Auch sie ist das Sinnbild einer wechselvollen Geschichte, die unten am Fuß der Hauptmole noch einen anregenden Ausdruck des Erinnerns an ein Ereignis findet, das in der ibizenkischen Geschichte stellvertretend für den jahrhundertewährenden Kampf um die Freiheit und Selbstbestimmung der Insel steht:

Der 1915 gesetzte Obelisk erinnert an einen siegreichen Einsatz der ibizenker Korsaren in napoleonischer Zeit. Ihr Kapitän Antonio Riquer hatte 1806 die unter der britischen Flagge von Gibraltar segelnde Brigg „Felicity" aufgebracht und deren Kommandanten, den berüchtigten Piraten Miguel Novelli, gefangengenommen und unter dem Jubel der Bevölkerung an Land gesetzt.

*

Am Abend überrascht uns das Wetter urplötzlich mit einer Situation, wie wir sie auf dieser Reise noch nicht und auf keiner anderen zuvor erlebt haben: Wir stehen in der Bucht zwischen Ibiza und Formentera. Bei hoher Luftfeuchtigkeit hat sich das Land tagsüber aufgeheizt. Als die Sonne untergegangen ist, kühlt es schlagartig ab, und die niedrig stehenden Wolken fallen schwer und behäbig aufs Meer.

Plötzlich, uns wie aus einem geheimnisvollen Nichts entgegentreibend, sind wir von Nebelschwaden umgeben, die wie zerrissene Segel als unheimliche Wolkenfetzen an uns vorbeiziehen und die SEA CLOUD in eine unseren Blicken undurchdringliche Wand hineingleiten lassen, nicht ahnend, was sie dahinter erwartet.

Sind das die Vorboten jenes Schreckgespenstes, das seit Hunderten von Jahren durch die Seelen der Seeleute geistert? Kündigt sich so der gefürchtete „Fliegende Holländer" an? Ist das die Wetterkonstellation, aus der heraus er sich der vor Schreck erstarrenden Mannschaft zeigt? In der er ohne jede Vorankündigung plötzlich wie aus einer Schattenwelt vor dem Bug eines Schiffes auftaucht oder es ein Stück auf seinem Kurs begleitet und Berichten zufolge auch einmal durch ein anderes Schiff hindurchsegelt? Und der sich dann ebenso schnell wie er gekommen ist wieder ins Nichts auflöst, Angst und Schrecken auslösend und Unheil verkündend?

Seeleute, die den „Holländer" selbst gesehen haben wollen, jenes zu ruhelosem Umherirren auf den Meeren verdammte Wesen, schwören Stein und Bein, daß die Erscheinung allemal ein Unglück ankündet. Sie haben es ja selbst erlebt.

Siebenter Tag

Oder sie haben es von einem gehört, der es erlebt hat. Und dann gibt es ja auch noch glaubwürdige Zeugen wie den englischen Admiral Jeffrey Baron de Raigersfeld, der seine Begegnung mit dem Gespenst sogar der Londoner Admiralität zur Protokoll gegeben hat und zeitlebens nicht das Entsetzen vergessen konnte, das sich an Bord seines Schiffes angesichts des „Flying Dutchman" ausgebreitet hatte.

Solche Erinnerungen sind das Garn, aus dem auch heute noch romantische Geschichten gesponnen werden. Gerade in Nächten wie dieser mag man all die meteorologisch-physikalischen Erklärungen aus dem Gedächtnis hervorkramen, die uns die rationale Begründung für die so bedrohlich wirkende Wetterlage liefern – in irgendeinem Winkel seines Herzens möchte jeder von uns in den Mythos des ruhelos Umherirrenden eintauchen und an dessen leibhaftige Existenz glauben.

Was ist so unglaubwürdig an der Geschichte? Daß es zu allen Zeiten verwegene Seeleute gegeben hat, die sich sicher genug fühlten, die gegen sie arbeitenden Naturgewalten übermütig herauszufordern, steht doch außer Zweifel. Daß solche verwegenen Ritter des Meeres der Versuchung nicht widerstehen konnten, das Unmögliche unter Einsatz ihres und ihrer Mannschaft Leben zu wagen, ist vielfältig belegt. Und daß solche zu allem bereite Fahrensleute durch ihren Schwur, für nichts auf der Welt von ihrem Vorhaben abzulassen, sogar eine Gotteslästerung auf sich zu nehmen bereit waren, gehört ebenfalls zum festen Bestand gesicherter Überlieferungen. Bleibt nur die dieser Anmaßung folgende Strafe für den verwegenen Kapitän, die ihn bis ans Ende seiner Zeit rastlos über die Meere umherzuirren verdammt. Diese Konsequenz steht vielleicht für den nüchtern denkenden Zeitgenossen auf etwas wackeligen Füßen. Was aber ist schon e i n e vage Spekulation gegen z w e i unumstößliche Wahrheiten?

Dennoch: Begegnen wird uns der Fliegende Holländer in dieser Nacht nicht.

Allenfalls ein gewisses Maß an gespannter Aufmerksamkeit, die auf der Brücke herrscht und den Kapitän und seinen Wachoffizier den Passagieren nicht in der gewohnten Freundlichkeit und Geduld Rede und Antwort stehen läßt, macht uns klar, daß dies nicht eine Nacht ist wie jede andere. Sie läßt uns erahnen, daß die SEA CLOUD der Schiffsleitung heute einiges mehr abverlangt als alltägliche Routine.

Alle zwei Minuten ertönt den internationalen Vorschriften entsprechend das Nebelhorn – eine Prozedur, auf die heutzutage manch ein mit Radar ausgestattetes Schiff verzichtet.
Im Falle einer Havarie aber kann der Schiffsleitung eine solche Nachlässigkeit zum Vorwurf gemacht werden.

Da sich die SEA CLOUD zu diesem Zeitpunkt gerade an der Shelfgrenze von Formentera befindet und in diesem Gebiet noch eine ganze Reihe von kleinen Fischereifahrzeugen zu vermuten ist, erscheint die Vorsicht als gerechtfertigt. Tatsächlich müssen wir an diesem Abend ein paarmal den Kurs ändern, um einigen Fischerbooten auszuweichen.

Achter Tag

**Ein Schiff ist ein Geschöpf,
das wir gewissermaßen
zu dem Zweck in die Welt gesetzt haben,
an ihm unsere Fähigkeiten zu beweisen**
Joseph Conrad

Die Herausforderung ist wechselseitig: Was die Mannschaft ihrer SEA CLOUD unter extremen Wetterbedingungen abverlangen muß, ist sicher nicht weniger als das, was das Schiff seinerseits den Jungen und Mädchen zumutet. Nur wenn beide ihr bestes geben, wenn sie in selbstverständlicher Solidarität das Wir zwischen dem Menschen und seinem Geschöpf entdecken und akzeptieren, ist das Segelerlebnis zur Vollkommenheit zu führen.

An unserem letzten Tag, den wir auf See verbringen, dürfen wir noch einmal die ganze Faszination in uns aufnehmen, die eine der letzten großen Viermastbarken unter vollen Segeln auf Menschen ausübt.

Und wir dürfen zum letzten Mal die Mannschaft bewundern, die es an diesem Tag noch einmal darauf angelegt hat, sich uns von ihrer besten Seite zu zeigen.

Wer einmal ein Segelmanöver auf einem Schulschiff erlebt hat, der wundert sich über die Lautlosigkeit und Gelassenheit, mit der das Segelsetzen, diese schwierigste und zugleich schönste Arbeit an Bord, auf der SEA CLOUD bewältigt wird.

Vielleicht ist es gerade die geringe Zahl von „deckshands", die es möglich macht, mit wenig Kommandos auszukommen. Die Mädchen und Jungen wissen, was sie zu tun haben; sie kennen jeden Handgriff, und keiner der Offiziere muß hier nach Marineart lautstark beweisen, wer etwas zu sagen hat.

Kapitän Klaus Herwig, der als Offizier auf dem Segelschulschiff „Gorch Fock" gefahren ist, wo er für eine „echte" Bark, also einen rahgetakelten Dreimaster, rund 200 Kadetten zur Verfügung hatte, muß hier beweisen, daß ein um einen Mast größeres Schiff auch mit zwanzig Leuten zu beherrschen ist.

„Das muß man berücksichtigen", sagt er nachdenklich, „besonders wenn das Schiff unter vollem Zeug segelt. Wenn ich dann in eine Boe laufe, muß ich ja das Tuch auch noch irgendwie wegbekommen. Und das ist mit so wenigen Leuten ein hartes Stück Arbeit. Ich muß immer daran denken, daß dies alles nicht so schnell gehen kann."

Bei Segelmanövern ist die Decksbesatzung in drei Gruppen zu je sechs Personen eingeteilt. Jede dieser Gruppen bedient einen Mast, wobei die Kreuzmastgruppe den Besanmast mitbearbeitet. Jeder dieser Gruppen steht ein sogenannter „mast captain" vor. Dies sind in der Regel die erfahrensten Matrosen/Rigger der Decksbesatzung.

Die Arbeit an Deck wird vom Bootsmann koordiniert, der wiederum seine Befehle von der Brücke, das heißt vom wachhabenden Offizier, beziehungsweise vom Kapitän erhält.

Achter Tag

Natürlich hat jeder Offizier neben seiner Wachtätigkeit auf der Brücke noch weitere Aufgabenbereiche zu überwachen und verantwortlich zu organisieren. So ist der Erste Offizier als „primus inter pares" unter anderem für den gesamten Decksbereich verantwortlich, wie zum Beispiel für die Ausbildung der Neulinge, für die Instandsetzungsarbeiten und die Vorbereitung von planmäßigen Werftliegezeiten. Dies geschieht in enger Zusammenarbeit mit dem Leitenden Ingenieur.

Der zweite Offizier leitet den Navigationabschnitt. Er hat die Seekarten und die nautischen Handbücher auf dem aktuellen Stand zu halten, und er betreut darüber hinaus in enger Kooperation mit dem jeweiligen Schiffsarzt das Bordhospital.

Der Dritte Offizier schließlich ist zuständig für die Sicherheitseinrichtungen auf dem Schiff und plant in Absprache mit dem Kapitän und dem Ersten Offizier die international vorgeschriebenen Rettungs- und Feuerlöschübungen.

*

Der Nachmittag unseres letzten Tages an Bord läßt uns eine ruhige See und einen stahlend blauen Himmel erleben.

Der Kapitän nutzt diese schönste Stunde des Nachmittags, um ein besonderes Prvileg wahrzunehmen:
Er ist aufgeentert, um das Rigg zu inspizieren und nutzt die Gelegenheit, ein Viertelstündchen hochoben auf der Royal zu sitzen und in die Sonne zu blinzeln.

So läßt es sich leben: Von oben die wärmenden Sonnenstrahlen, von unten den bewundernden Blick der Passagiere.

Der dort oben sitzt, ist ein offenkundiger Genießer mit einem offenkundigen Hang zu Höherem! Ein wenig ist diese Exkursion in luftige Höhen wohl auch als Demonstration gedacht. Denn der Kapitän sieht es als eine Ehrenpflicht, den jungen Leuten von Zeit zu Zeit zu beweisen, daß es „der Alte auch noch kann".

Die sportliche Einstellung hat auf der SEA CLOUD Tradition. Ed Hutton, der sich - solange er noch mit Marjorie verheiratet war - als Kommodore verstand, obwohl natürlich die formale Verantwortung für das Schiff und seine Mannschaft immer beim Kapitän lag, hat es sich niemals nehmen lassen, selbst mit zuzupacken. Auch er hat seiner Crew nie etwas abverlangt, was er nicht selbst zu leisten bereit war. Sogar, wenn sich einmal ein Tampen in der Schraube verfangen hatte, war Ed Hutton der erste, der hinuntertauchte, um die Sache in Ordnung zu bringen. Keiner seiner Jungen an Bord mochte sich dann die Blöße geben, dem Kommodore nicht zu assistieren.

*

Was mag ein Segelschiffkapitän denken, wenn er, auf der Royal sitzend, den Blick seinem Ziel entgegengerichtet, die Beine baumeln läßt und sich darüber freuen kann, daß sein Schiff die Chronik der Schiffahrtsgeschichte wieder einmal um eine abenteuerliche Reise bereichert und ein halbes Hundert segelbegeisterte Passagiere zufriedengestellt hat? Wird sich dem altgedienten Fahrensmann da ein wenig von der Erinnerung an eine

Mit Sea Cloud auf See

Zeit in die Gedanken einschleichen, die er auch nur vom Hörensagen kennt? Jene Herausforderung der großen Rahsegler und der mit ihnen spielenden Naturgewalten, bei denen es ohne Rücksicht auf Mensch und Schiff darauf ankam, der Schnellste und Verwegenste zu sein, die Ladung eher in ihrem Zielhafen abzuliefern als andere und die Mannschaft zu solchen strapaziösen Höchstleistungen anzuspornen, daß überall in den Hafenkneipen hinter vorgehaltener Hand geflüstert wurde, der Alte sei mit dem Teufel im Bunde? Dabei hatte der vielleicht nur die bessere Nase für meteorologische Überraschungen, ein unerklärbares Gespür für das, was sich zusammenbraute. Er „roch" den Sturm, Stunden schon, bevor sich der durch eine leichte Brise ankündigte. Und er nutzte seine bessere Kenntnis physikalischer Zusammenhänge, um sich seine Strategie für die schnellste Reise zurechtzulegen. Wenn er dann noch verwegen genug war, einem Konkurrenten den Wind „abzukneifen", das heißt, gegenüber einem anderen Schiff durch ein geschicktes Manöver luvwärts so weit aufzukommen, daß der andere in den Windschatten geriet und an Fahrt verlor, wenn es ihm also gelang, dem anderen im wahrsten Sinn des Wortes den Wind aus den Segeln zu nehmen, dann galt er als vielbewunderter Teufelskerl.

Dem legendären Robert Hilgendorf, dem berühmtesten Kapitän auf den „Flying-P-Linern" von Laeisz, hat man manchmal einen geheimnisvollen Bund mit dem Teufel nachgesagt. Ihm war es immer wieder gelungen, den Wunsch seines Reeders zu erfüllen: „Meine Schiffe können und sollen die schnellsten Reisen machen", hatte der anspruchsvolle Ferdinand Laeisz als eine Art Grundgesetz in eine Dienstanweisung für seine Offiziere schreiben lassen. Robert Hilgendorf, 1852 in einem pommerschen Dorf zur Welt gekommen, war der richtige Mann, die Forderung seines Reeders zu realisieren. Nicht nur sporadisch – das hätten die mißtrauischen Seeleute vielleicht noch dem Zufall zuschreiben können, sondern mit in der Tat unheimlicher Regelmäßigkeit. Wenn es bis dahin als gute Leistung gegolten hatte, von Hamburg nach Valparaiso an der südamerikanischen Westküste 80 Tage zu benötigen, dann schaffte es Hilgendorf in nur 58 Tagen. Immer wieder und mit jedem Schiff!

Der Einsatz hat sich für den „Düwel vun Hamborch" gelohnt: Laeisz ließ für seinen besten Mann das größte und modernste Segelschiff seiner Zeit bauen, die „Potosi", 120 Meter lang, der Stahlrumpf dreifach genietet und mit 42 Segeln ausgestattet. Die „Potosi" konnte rund 6000 Tonnen Salpeter an Bord nehmen. Als dieses Schiff an einem heißen Julitag des Jahres 1895 den Hamburger Hafen zu seiner Jungfernreise verließ, winkten Tausende am Elbufer dem Segler einen Abschiedsgruß zu.

Neptun schien zu ahnen, was Robert Hilgendorf vorhatte und ließ den Fünfmaster erstmal in schweres Wetter geraten. Zum nachgeben konnte das den draufgängerischen Kapitän nicht bewegen: er ließ trotzig alle Segel setzen. Als er merkte, daß sein Schiff nachgegeben hatte und er wieder einmal als Sieger aus dem Zweikampf hervorgegangen war, murmelte er vor sich hin: „So, Potosi, nu warr ick di knüppeln!"
Und er knüppelte sie unerbittlich. Valparaiso in nur 55 Tagen – das war eine Leistung, die nicht

Achter Tag

nur die Menschen an der Küste aufhorchen ließ. Einem Kreuzfahrtkapitän verbieten sich solche riskanten Wettbewerbe. Aber selbst wenn er wollte, die Kräfte seines Schiffes mit denen eines anderen zu messen, würde er kaum einem Wettbewerbskandidaten begegnen: Großsegler sind die Exoten unter den Schönen des Meeres, und kaum jemals werden sich ihre Routen kreuzen!

Aber die Rücksicht, die ein Kapitän auf einem segelnden Passagierschiff nehmen muß, heißt ja nicht, daß ihm Turbulenzen erspart blieben.
Die Spuren, die der Hagel auf den Rettungsringen der SEA CLOUD hinterlassen hat, vermitteln uns die beruhigende Gewißheit, daß dieses Schiff eine ganze Menge auszuhalten imstande ist.

Eine ihrer größten Herausforderungen hatte die SEA CLOUD im Oktober 1984 zu bestehen. Das Schiff hatte sein winterliches Fartgebiet in der Karibik verlassen, um während der Sommermonate im Mittelmeer zu kreuzen. Auf dem Nordatlantik wurde es von einem Sturm in Orkanstärke überrascht. Die Wettervorhersagen waren nicht sehr zuverlässig gewesen, und so hatten auch die erfahrenen Offiziere nicht einmal die meteorologische Entwicklung für die jeweils nächsten sechs Stunden abschätzen können. Plötzlich befand sich die SEA CLOUD in einem Sturm, dessen Richtung vorher kaum zu berechnen gewesen war. Die Boen trafen das Schiff unvermittelt auf der Steuerbordseite, während man den Wind kurz zuvor noch achtern gehabt hatte. Es blieb kaum noch Zeit zum Brassen; denn das dauert einschließlich dem Befestigen der Leinen etwa zwanzig Minuten - unter schwierigen Wetterbedingungen auch etwas mehr. Der damalige Kapitän Richard Choinski hat das Ereignis später geschildert: „Das Wetter war schon tagelang nicht besonders gut gewesen. Aber gegen neun Uhr abends wurde es plötzlich verdächtig ruhig. Das ist oft das erste Alarmsignal, bevor die Naturgewalten mit ihrer ganzen Kraft losbrechen. Der Sturm steigerte sich schlagartig auf zehn Windstärken. Zum Brassen war es zu spät. So entschloß ich mich, alle Segel einholen zu lassen. Aber auch dazu war die Zeit zu knapp. Das ist der Grund dafür, daß wir insgesamt sieben Segel verloren. Die Royal- und Bramsegel wurden einfach von den ungeheueren Boen zerrissen."

Die SEA CLOUD hat es dann doch geschafft; sie ist ja für solche Wetterlagen gebaut. Aber aus der Sicht der weniger erfahrenen Mannschaften, die zu ihrem Schiff noch nicht das volle Vertrauen haben, sieht die Sache manchmal bedrohlich aus.

Freimütig hat eine junge Zahlmeisterin, die zu Beginn der achtziger Jahre an Bord gekommen und eine lange Zeit geblieben ist, zugegeben, daß ihr bei der Sache nicht recht wohl war: „Mein erster Gedanke war, wie kalt ist das Atlantikwasser, wenn wir jetzt gleich das Schiff verlassen müssen; denn die meisten von uns befürchteten, die SEA CLOUD würde kentern. Der ganze Spuk war nach zehn Minuten vorüber, aber die kann man als sehr lange Zeit empfinden. Alles was nicht niet- und nagelfest war, lag am Boden. Mein Office sah aus, als habe der Blitz eingeschlagen. Die Passagiere, die das Unwetter beim Abendessen überrascht hatte, waren über das Büffet gefallen und mit allen

Salaten und Soßen in eine Ecke geschliddert. Aber alle sind erstaunlich ruhig geblieben. Das war wohl auch dem Zweiten Offizier zu verdanken. Der war sofort nach der Kollision unseres Schiffes mit der Boe in die Lounge geeilt und hatte mit seinem britischen Humor - der ihm zu seinem Spitznamen „the Lord" verholfen hatte, zu den Gästen gesagt: ‚Isn't it possible to leave you for five minutes alone?' Alle lachten, und das hat die Lage entschärft."

Und dann fügte die Zahlmeisterin hinzu, was alle dachten, die diese Situation miterlebt hatten: „Es ist gut zu wissen, welchen Naturereignissen die SEA CLOUD standhält. Wer sich einem solchen Schiff anvertraut, der ist auf der sicheren Seite!"

*

Die alte Lady SEA CLOUD hat keinen Grund, ihr Alter zu verheimlichen. Der große Erfahrungsschatz, den sie im Laufe ihres Schiffslebens angesammelt hat, macht ja einen großen Teil ihres Charmes. Und daß sie jene magische Linie, die man bei einem Menschen die Pensionsgrenze zu nennen pflegt, schon um ein paar Jahre überschritten hat, braucht auch ängstliche Passagiere nicht zu beunruhigen. Die SEA CLOUD hat die höchste Versicherungsklasse beim Germanischen Lloyd, und sie wird laufend mit viel Liebe überholt und instandgesetzt. „Natürlich", räumt der Kapitän ein, „gibt es bei einer älteren Dame mehr maintenance zu machen. Aber durch die langen Jahre auf See schleifen sich viele Dinge auch ein und werden selbstverständlicher. Und wenn man von Zeit zu Zeit ein paar Rohrleitungen oder andere Verschleißteile gewissenhaft auswechselt, dann ist der Betrieb eines solchen Schiffes kein Problem. Eines ist ja sicher und bekannt: Die größten technischen Schwierigkeiten haben Schiffe, wenn sie gerade aus der Werft kommen. Ein Segeschiff braucht erst einmal ein halbes Jahr, bis es wirklich „rund" läuft. Unsere SEA CLOUD ist hundertprozentig fit!"

Auch für Kapitän Herwig ist diese Viermastbark eine ganz andere Erfahrungswelt als er sie während seiner Zeit vor dem Mast auf der „Passat" erlebt hat und später im Offiziersrang auf der „Gorch Fock". „Die zwanzig Mann, die ich hier habe, um dreitausend Quadratmeter Segel zu bedienen, verlangen von mir, daß ich das Schiff vorausschauender segeln muß. Ich kann mich auf keinen Fall in Grenzsituationen begeben. Die Besatzung muß so eingeteilt werden, daß ich immer rechtzeitig Segel wegnehmen kann. Und natürlich darf ich die SEA CLOUD allein schon deshalb nicht so hart segeln wie ein Schulschiff, weil ich auf meine Passagiere Rücksicht nehmen muß."

Für diese mit so viel Rücksicht bedachten Passagiere ist es sicher ein besonderes Privileg, ein Segelabenteuer auf der SEA CLOUD erleben zu dürfen. Diese Chance hätten die meisten von uns nicht gehabt, wäre nicht die frühere Eignerin Marjorie Davies eines Tages die Erkenntnis gekommen, daß dieses Schiff sie eigentlich viel teurer kam als sie dafür auf Dauer zu bezahlen bereit gewesen wäre.

Nicht, daß sie sich ein derart teures Spielzeug nicht weiterhin hätte leisten können. Die Geschäfte liefen gut, und sie war auch nach dem Krieg weit davon entfernt, sich von dem bereits zitierten guten Rat eines guten Freundes beeindrucken zu lassen: „Wenn die darüber nachdenken mußt, ob

Achter Tag

du dir eine Yacht wie der SEA CLOUD überhaupt leisten kannst, dann kannst du sie dir nicht leisten!"
Marjorie war zeitlebens immer trotzig genug gewesen, der Welt zu zeigen, daß sie konnte, was sie wollte. Sie war ja in der glücklichen Lage, in ihrem Leben niemals selbst gearbeitet zu haben und aus dem ererbten Vermögen riesige Summen auf ihren Konten gutgeschrieben zu bekommen. Ihr immenser Reichtum hat sie aber dennoch nie verführt, unüberlegt viel Geld auszugeben. Und sie konnte rechnen, um zu wissen, was sie ihr großzügig ausgestattetes Repräsentationsschiff - von dem ja einiges noch in den Luxuskabinen unter Deck erhalten ist – tatsächlich kostete. Allein der zweimal jährlich fällige Uniformwechsel schlug mit rund 20.000 Dollar zu Buch. Und das zu einer Zeit, als der Dollar noch einiges mehr galt als heute!
Besonders verärgert war Marjorie darüber, daß die amerikanischen Gewerkschaften inzwischen dafür gesorgt hatten, daß die Heuern gegenüber der Vorkriegszeit um das Zehnfache gestiegen waren.

Es mag für Majorie einen weiteren Grund gegeben haben, sich von ihrem einst so geliebten Schiff zu trennen: Sie war älter geworden und ihre dritte Ehe mit dem seekränkelnden Diplomaten war in die Krise geraten. Im reiferen Alter von 78 Jahren ließ sie sich noch einmal scheiden und wandte sich einem Geschäftsmann aus Pittsburgh zu. Und einer christlichen Sekte, die einen großen Teil ihrer Zeit in Anspruch nahm. Es gehörte zu den Ritualen dieser Sekte, vor den Mitgliedern über persönliche Lebensprobleme zu sprechen. Während andere über Schwierigkeiten mit ihren Kindern sprachen, über Eheprobleme, Krankheit und berufliche Fragen, die arbeitende Menschen belasten, hielt Marjorie eine mitleiderregende Rede über die Schwierigkeiten, in wirtschaftlich harten Zeiten eine Traumyacht zu verkaufen.

Schenken wir ihr all unser Mitgefühl und erweisen wir ihr unsere Dankbarkeit, daß ihr das Kunststück schließlich doch gelungen ist. Wir hätten sonst nicht ein so nachhaltig beeindruckendes Farewell Dinner erleben können. Wir hätten nicht einmal unseren Fuß auf dieses Schiff setzen können, wenn sich Marjorie nicht zum Verkauf entschlossen hatte. Und wenn sie nicht auf einen Geschäftspartner gestoßen wäre, der vielleicht noch mehr Geld hatte, wenn auch auf weniger anständige Weise erworbenes, und wenn nicht die Weltgeschichte die korrupteste aller Diktatorenfamilien auf spektakuläre Weise von der Bühne des Geschehens gefegt hätte.

Widmen wir der SEA CLOUD und ihrer Erbauerin einen Toast an diesem letzten Abend. Erheben wir unser Glas auf diese schönste aller Segelyachten, die neben vielem anderen die Faszination des Ungewöhnlichen in unsere Gegenwart transportiert hat und jenen Hauch unermeßlichen Reichtums, der die meisten von uns zu Zeiten der Post-Huttons allenfalls in die Rolle von Zaungästen gedrängt hätte.

Sechseinhalb Jahrzehnte später dürften wir unsere Füße auf die Planken dieser „Legende unter weißen Segeln" setzen. Wer sich nur ein Fünkchen Sensibilität für die Würde des Historischen bewahrt hat, wer zudem über die Phantasie verfügt, sich Geschichte in Geschichten vor-

zustellen, dem wird die SEA CLOUD weitaus mehr von ihren Geheimnissen offenbaren als es jeder bunte Werbeprospekt zu tun imstande wäre.

Welche Gedanken mögen in diesen Salons einst den Herzog von Windsor bewegt haben, als er mit seiner Frau - die ihm immerhin eine Krone wert war - auf den Mahagonibänken sitzend seinen sehr britischen Gin-Tonic getrunken hat, obwohl ihn doch dieses Großbritannien hatte in Ungnade fallen lassen?

Wie mag König Haakon von Norwegen seinen ganz und gar bürgerlichen Auftritt auf dieser Yacht empfunden haben, als seine Frau Maud (zum Erstaunen der Eignerin) hier jeden Tanz getanzt hatte?

Und wie enttäuscht mag die vom Leben sonst so verwöhnte kleine Dinah gewesen sein, als sie erfahren mußte, daß auch Könige nicht mit der Krone auf dem Kopf zum Diner erscheinen, und schon gar nicht mit ihr ins Bett gehen.

Wie proletarisch – oder auch nicht – mag sich die Sowjetprominenz einschließlich des stets verkniffen wirkenden Cocktail-Namensgebers Molotow vorgekommen sein, als sie sich hier westlich dekadenter Hollywood-Unterhaltung hingaben?

*

Die SEA CLOUD hat in vielfacher Hinsicht Geschichte geschrieben. Ihr Name steht sogar für ein Stück amerikanischer Rassenverständigung. Mehr noch: sie war in ihrer Zeit bei der Coast Guard das erste Versuchsobjekt für Rassenintegration bei der US-Marine überhaupt. Es gab damals auf dem Schiff sowohl bei den Offizieren als auch bei den Mannschaftsgraden einen hohen Prozentsatz an Farbigen. Die guten Erfahrungen, die dabei gemacht wurden, führten im Februar 1945 zu einer General Order, in der zum erstenmal in der amerikanischen Marinegeschichte festgeschrieben wurde, daß bei den allgemeinen Dienstgraden zehn Prozent farbige Soldaten keinen nachteiligen Einfluß auf die Disziplin haben würden.

Kann die SEA CLOUD Menschen verändern?

Sicher kann sie das auf ihre Weise. Keiner der Gäste an Bord wird das Schiff nicht mit neuen Gedanken, mit Anregungen, vielleicht sogar mit einem neuen, nachhaltig wirksamen Lebensgefühl verlassen.

Um wieviel mehr wird das bei denen der Fall sein, die sich entschließen, eine Zeitlang auf diesem Schiff zu arbeiten?

„Wir haben viele bei uns", sagt Kapitän Herwig, die einfach kommen, um sich mal den Kopf freiwehen zu lassen. Die bilden wir ´on the job` aus, und sie gehen anschließend wieder in ihren Beruf zurück. Das gilt hauptsächlich für unser deck department. Im Service können wir keine Ungelernten gebrauchen, denn dort müssen wir einen hohen Standard halten, wie ihn unsere Gäste aus der gehobenen Gastronomie gewohnt sind. Dasselbe gilt für die Küche".

Für alle aber ist die Erfahrung auf der SEA CLOUD mehr als eine Erweiterung ihres fachlichen Horizonts; es ist ein Stück Lebenserfahrung, das sie mit von Bord nehmen; für viele vielleicht auch die Erkenntnis, daß sie fähig sind, sich selbst zu überwinden, Anstrengungen auf sich zu nehmen, die

Achter Tag

zu ertragen sie vorher nicht für möglich gehalten hätten und Ängste zu beherrschen, die in den Griff zu bekommen ihnen an Land nicht gelungen wäre.

Die „Rigger", jene Mannschaftsgrade, die in die Wanten klettern, um dort ihre schwere Arbeit zu verrichten, sind überwiegend Philippinos. Viele von ihnen arbeiten schon zehn oder zwölf Jahre auf der SEA CLOUD, und der Kapitän findet für sie überzeugend lobende Worte: „Sie sorgen in vorderster Front dafür, daß das Know How erhalten bleibt. Dann haben wir unsere „european line". Sie gibt jungen Europäern die Chance, mitzufahren und einiges zu lernen. Oft handelt es sich dabei um Studenten, die einfach mal etwas anderes wollen, als sich immer nur theoretisches Wissen aus Büchern anzulesen."

„Führung und Beispiel" ist die Maxime, nach der den jungen Leuten die Ein- und Unterordnung im Bordbetrieb vermittelt wird. „Ich brauche an Bord jede Hand", sagt der Kapitän, und er spricht bewußt nicht von „Männern", weil ja auch einige Mädchen in das Rigg klettern. „Ich muß davon ausgehen, daß sich jemand nach vier Wochen sicher in der Takelage bewegt. Die jungen Leute gehen zunächst bei leichtem Wetter mit einer ausgebildeten Kraft zusammen hoch, und wir sehen dann sofort, ob jemand für die Arbeit im Rigg geeignet ist. Wir sehen auch, ob er von Anfang an zu viel Ehrgeiz entwickelt und sich selbst überschätzt. Den müssen wir dann bremsen. Aber es kommt Gott sei Dank nur selten vor, daß ich jemand nach Hause schicken muß, weil er das Aufentern nicht vertragen kann, oder weil er sich nicht in die Mannschaft integriert."

Über einen Mangel an guter Laune muß sich der „Maître aprés Dieu" ohnehin nicht beklagen. „Ich sage den jungen Leuten immer, wir sind ein Dienstleistungsbetrieb, und die Passagiere sorgen dafür, daß dieses Schiff überleben kann. Das verstehen sie alle und handeln danach. Denn eines habe ich in meiner langen Fahrenszeit gelernt: Die Mannschaft ist das Schiff.

Nur eine happy crew macht ein happy ship!"

Neunter Tag

**Von Floth un Wellen
is am besten
in Drögen vertellen.**
Klaus Groth

Motril ist nicht der glanzvollste Anlaufhafen an der spanischen Ostküste.
Die Iberische Halbinsel hat in dieser Region schönere, aufregendere und geschichtsträchtigere Küstenstädte im Repertoire ihrer touristischen Möglichkeiten.
Aber für die Verproviantierung des Schiffes mag er ausreichen. Die Passagiere werden sich hier ohnehin keine Zeit nehmen können:
Die einen, die das Schiff hier verlassen, werden nach Malaga eilen, um ihren Flug nicht zu verpassen.
Und diejenigen, für die heute das Abenteuer SEA CLOUD beginnt, ist die erste Begegnung mit diesem Segler spannender als ein paar Stunden Sight Seeing in einer spanischen Provinzstadt, die nicht einmal im Lexikon verzeichnet ist.

So ist denn unser Abschied von der unangefochtenen Königin der segelnden Zunft ein eher eilig vollzogenes nüchternes Händeschütteln mit den Vertrauten der letzten neun Tage als ein sentimentales Ritual der Trennung.
Weil man sich einem elementaren Ereignis wie der SEA CLOUD nun einmal beim besten Willen nicht entziehen kann, ist man sich des Wiedersehens gewiß!
Keiner, der das Schiff an diesem Morgen verläßt, der nicht die feste Entschlossenheit bekundete, so schnell wie möglich wieder an Bord zu kommen.

Heute Abend wird die SEA CLOUD wieder die Leinen loswerfen und auf Südkurs gehen. Ein paar Tage später wird sie die Straße von Gibraltar passieren und man wird sich die Fabel von der Beständigkeit des Britischen Commonwealth erzählen, solange die einzig freilebende Affenart Europas den 425 Meter hohen Kalkfelsen der einstigen Kronkolonie besetzt hält, der die Halbinsel mit dem Festland verbindet.
Dann aber wird die SEA CLOUD den europäischen Kontinent hinter sich lassen und Kurs auf Las Palmas de Gran Canaria nehmen. Mit 35 Tonnen Proviant, 248 Tonnen Treibstoff, 180 Tonnen Wasser und 50 Passagieren in den Kabinen wird das Schiff über den Großen Teich segeln.

Auch auf diesem Törn wird dem Kapitän der Fahrplan im Nacken sitzen.
Aber mit einer Durchschnittsgeschwindigkeit von acht Knoten wird er sein Ziel erreichen und am 16. November an der Antilleninsel Antigua den Anker werfen. Vorausgesetzt, der um diese Jahreszeit mit vier bis fünf Stärken wehende Nordostpassat läßt Schiff und Mannschaft nicht im Stich.

In der Karibik wird Kapitän Herwig sein Schiff dem Kollegen „Red" Shannon übergeben, um selbst ein paar Wochen bei seiner Familie im schleswig-holsteinischen Kappeln an der Schlei zu verbringen. Im Frühjahr wird er wieder „einsteigen" zu seiner letzten Saison.
„Ich habe 1955 auf der PASSAT angefangen", sagt er mit einem Hauch von Wehmut in der Stimme. „Als Schiffsjunge auf einer Viermastbark – das war schon etwas. Und auf einer Viermastbark werde ich – in einer Zeit, in der solche Schiffe

Neunter Tag

einen Seltenheitswert haben – meine Zeit als Kapitän beenden. Da schließt sich ein Kreis!"

Und mit philosophischer Gelassenheit, die einen ein Schiff wie die SEA CLOUD zu beherrschen lehrt, fügt er hinzu: „Wenn man den Berg erklommen und die schönste Aussicht hat, soll man aufhören."

Seine Frau, zwei Töchter und den Sohn hat er ohnehin lange genug entbehrt.
Seine Frau und die jüngste noch zu Hause lebende Tochter auf einer Reise mitzunehmen – das war nie ein Thema, so lieb es Klaus Herwig auch gewesen wäre. Aber die Tochter ist – obwohl auf der „Gorch Fock" mit Biscaya-Wasser getauft – nicht seefest.

So ist es denn beschlossen und verkündet: 1997 ist daddeldu.

Natürlich sagt ein altgedienter Fahrensmann „daddeldu" – so wie es in der Segelschiffzeit gesagt wurde, wenn der Rudergänger und der Ausguck abgelöst wurden, und man ihnen sagte, jetzt sei es genug. Aus „That´ll do" wurde „daddeldu".

Ist es wirklich genug?

Wenn man ihm alles zu glauben bereit ist – hier sind Zweifel erlaubt.
Denn dem Ruf der SEA CLOUD haben sich auch seine Vorgänger kaum entziehen können. Und der Ruf der See wird das Seine dazu beitragen.

Na denn: Ahoi, Captain!
Und auf ein baldiges Wiedersehen!

Er selbst ist seiner Sache offenbar auch nicht ganz sicher und verabschiedet uns mit dem denkwürdigen Satz:

„Say never never!"

... und weiter von Barcelona nach Palma

Leinen los.

16:20 Ladepier Barcelona

16:30 Beginn Segelmanöver

Der Lotse

"Sea Cloud" dreht mit Schlepperhilfe von der Pier weg.
Schlepper: "Joan Miró"

Sonntag 27 IV   Scharnweber-Übung

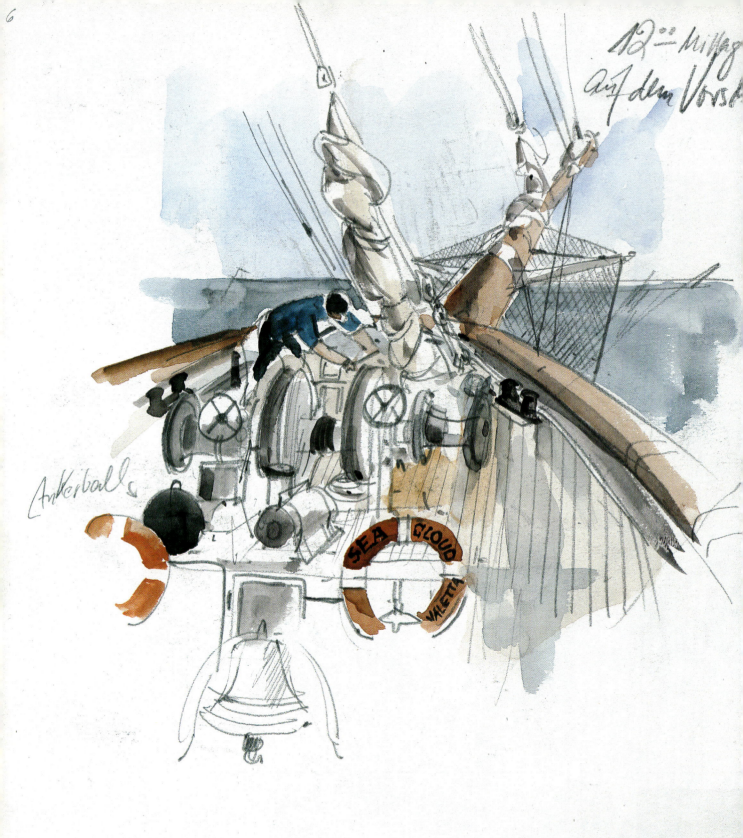

An Steuerbord passiert eine französische Yacht

Malerarbeiten auf dem Achterdeck

16⁰⁰ Segel werden festgemacht

Montag 28.IV.

Hafeneinfahrt Monaco

"Sea Cloud" liegt um 8⁰⁰ im
Hafen Monaco
festgemacht.

Die "Hirondelle"
Expeditionsschiff des Fürsten Albert I.
von Monaco
für ozeanographische
Forschungsreisen
(um 1911)

Modell im Museum

Walfangboot von den Azoren

gastflagge?

Eine Britische
Barkentine im
Hafen von Monaco

Dienstag 29. IV.

*Alter Wachtturm
und die Hafenmeisterei
in St. Tropez*

Es wehte heute morgen Mistral 8 Beaufort.
Zum Ausbooten der Passagiere zu schlecht. „Sea Cloud" von
ihrem ursprünglichen Liegeplatz vor der Hafeneinfahrt
St. Tropez zu einem ander windgeschützten Ankerplatz

Passagiere
werden mit Tendern
nach einem Landausflug
wieder an Bord gebracht.

Mittwoch 30 IV

Heute morgen bei
7-8 Beaufort ziemlich
große See
gegen Mittag etwas
abflauend
13³⁰ werden Segel gerefft
14³⁰ Marseille gherat
in 40 Seemeilen

Am Donnerstag 1. Mai in Port Vendres

"Seallond" ankert voor Cadaques 15³⁰

2. Mai
Antwerpen nach
Menorca

3. Mai Sonnabend im Hafen Mahon auf Menorca

Sonntag 4. Mai
an der Pier Palma de Mallorca
vor der Einschiffung der
Passagiere

Zeittafel

Kurzbiographie eines erregenden Schiffslebens

1931 Bau der heutigen SEA CLOUD auf der Germania-Werft in Kiel nach Plänen des amerikanischen Konstruktionsbüros Gibbs & Cox.
Im April wird die Yacht auf den Namen „Hussar" getauft. Es ist die damals größte Privatyacht der Welt.
Auftraggeber ist das Ehepaar Marjorie Merriweather Post und Edward Francis Hutton (Marjories zweiter Ehemann).
Im August absolviert die „Hussar" ihre Werftprobefahrt. Sie übersegelt dabei ein Drahtseil zu einem Fischerboot. Ein Mann kommt ums Leben.
Am 30. November kommt die „Hussar" in den USA an.

1932 Die erste große „Familienreise" führt von Havanna über Jamaika und Panama nach den Galapagos-Inseln.
Am 11. Oktober überfährt die „Hussar" erstmals auf dem 90. Längengrad West den Äquator. Die Yacht legt an 42 Seetagen fast 12.000 Seemeilen zurück.

1933 Der norwegische König Haakon und Königin Maud kommen an Bord. Kurz darauf auch der schwedische König.

1934 Die „Hussar" kommt im Januar zu ihrer ersten Werftüberholung nach Kiel.
Bei der Rückkehr nach den USA werden 95.000 Dollar Einfuhrzoll fällig.
Im März segelt die „Hussar" nach Hawaii.
Sie wird dort mit einem Volksfest empfangen.

1935 Die Ehe Post-Hutton wird nach 15 Jahren geschieden. Marjorie behält das Schiff und läßt es auf den heutigen Namen SEA CLOUD umtaufen.
Im Dezember heiratet Marjorie den Diplomaten Joseph E. Davies. Die Hochzeitsreise auf der SEA CLOUD führt über Nassau und Miami nach Santo Domingo. Der Diktator Trujillo, als dessen Sympathisant Davies gilt, bereitet dem Ehepaar einen Staatsempfang.

1936 Im November wird Davies US-Botschafter in Moskau. Er mietet die SEA CLOUD für einen Dollar von seiner Frau, um herumerzählen zu können, es sei sein Schiff. (Was nicht verhindert, daß er auf jeder Reise aufs neue seekrank wird!).

1937 Das Ehepaar Post-Davies reist von New York aus mit der SEA CLOUD nach Leningrad. Am 6. Juli erreicht die Yacht ihren Ankerplatz auf der Newa.

1938 Letzte große Segeltour der SEA CLOUD vor dem Zweiten Weltkrieg. Die Reise führt von Odessa nach Istanbul.
Davies wird nach Brüssel versetzt.

Mit Sea Cloud auf See

1938 Königin Elisabeth von Belgien, die Mutter Leopolds III., kommt an Bord.
- Die SEA CLOUD macht eine Kreuzfahrt nach den Bahamas. Als prominente Gäste sind die Herzogin und der Herzog von Windsor an Bord.

1941 Im April lassen Marjorie und ihr Mann die SEA CLOUD schätzen und erwägen den Verkauf.
- Im August teilt die Coast Guard mit, sie suche Privatyachten für Verteidigungszwecke.

1942 Im Januar - einen Monat nach dem Überfall der Japaner auf Pearl Harbour - least die amerikanische Marine die SEA CLOUD für einen Dollar jährlich und läßt die Yacht als schwimmende Wetterstation herrichten.
- Das Schiff ist als „IX-99" südlich Grönlands und um die Azoren im Einsatz.

1944 Als „IX-99" ist die SEA CLOUD an der Vorbereitung der Normandie-Offensive beteiligt. Im November wird das Schiff aus dem Marine-Dienst entlassen. Die Wiederherstellung der Yacht in den alten Zustand kostet rund eine Dreiviertelmillion Dollar.
- Eben so hoch ist die Summe, die Davies für die Restaurierung des Interieurs erhält.

1946 Im Juli starten Joe und Marjorie mit Freunden zu einer Kreuzfahrt von Alexandria in Virginia nach Florida und Havanna. Das Schiff hat noch kein Rigg und fährt unter Motorkraft.

1947 Im Sommer wird die Takelage wieder errichtet.

1949 Im Februar erhält die SEA CLOUD einen Satz neuer Segel, die bis dahin in Amerika nicht aufzutreiben waren.
- Vier Jahre nach der Entlassung aus dem Kriegsdient ist das Schiff wieder voll funktionsfähig.

1950 bis 1953 In der ersten Hälfte der fünfziger Jahre kreuzt die SEA CLOUD meistens vor der US-Ostküste.
- Prominenteste Gäste an Bord sind Mamie Eisenhower, der sowjetische UNO-Delegierte Andrey Gromyko und die Vanderbilts.
- Oft kommt der Diktator der Dominikanischen Republik, Rafael Leonidas Trujillo Molinas an Bord.
- Marjorie konkretisiert ihre Verkaufsabsichten, weil die Unterhaltskosten für die Yacht immens wachsen.
- Die Ehe Marjories mit Joe Davies gerät in die Krise. Marjorie läßt sich im Alter von 78 Jahren von ihrem dritten Ehemann scheiden.

1955 Trujillo erwirbt die SEA CLOUD und tauft sie auf den Namen „Angelita". Es wird vermutet, daß Marjorie dafür im Gegenzug ein Flugzeug des Typs Vickers Viscount für 44 Passagiere erhalten hat.
- Offiziell wird die „Angelita" zum Marineschiff erklärt.

Zeittafel

1957 Der Diktatorensohn Ramfis Trujillo be-
1958 nutzt die Yacht als „floating funhouse",
eine Art schwimmendes Bordell, auf dem
Filmsternchen wie Kim Novak und Zsa Zsa
Gabor ebenso ungeniert verkehren wie
Joan Collins.

1961 Am 30. Mai wird Trujillo ermordet.
Sein Sohn Ramfis macht sich zum militäri-
schen Oberbefehlshaber der Dominikanischen Republik.
Im Land kommt es zu Unruhen.
Der Trujillo-Clan benutzt die „Angelita" als
Fluchtschiff. An Bord befinden sich außer
den sterblichen Überresten des Diktators
mindestens fünf Millionen $ und Wert-
papiere. Einige hundert Millionen liegen
bereits auf Schweizer Konten.
Das Ziel des Fluchtschiffs ist Cannes.
Die neugebildete Regierung verlangt als
Eigentümerin der Yacht die umgehende
Rückkehr. Da der Zweite Offizier ein Mari-
nemann ist, muß er dem Befehl Folge leis-
ten. Der (zivile) Kapitän hat sich zu fügen.
Im November ist das Schiff wieder in der
Dominikanischen Republik und erhält den
Namen „Patria".

1962 Die „Patria" wird aufgelegt und steht zum
Verkauf. Kolumbien benötigt ein Schulschiff und zeigt Interesse. Das Geschäft
kommt nicht zustande.

1963 Auf den Planken und Aufbauten der
„Patria" wuchern Moose und Gras.
Eine „Operation Sea Cruises" kauft das
Schiff für 725.000 Dollar. Sie tauft die

1963 Yacht auf den Namen „Antarna" und läßt
sie in Panama registrieren.

1968 Die „Antarna" kehrt - nach aufwendigen
Reparaturarbeiten in Neapel - nach Ameri-
ka zurück. Probleme mit den Steuerbehör-
den zwingen die Eigentümer, das Schiff in
Miami aufzulegen.
Die Yacht verfällt zusehends und bekommt
Schlagseite.

1969 Eine dubiose Gesellschaft namens „Ocea-
nic Schools" erwirbt das Schiff, um darauf
Seminare mit Studenten abzuhalten. Che-
fin der Gesellschaft ist eine Stephanie Gallagher. Sie übersieht beim Kauf eklatante
technische Mängel und schließt einen juri-
stisch amateurhaften Vertrag, der die
Eigentumsverhältnisse nicht eindeutig
klärt.

1970 In Panama verweigert man der „Antarna"
Proviant und Entsorgungsleistungen. Stephanie Gallagher wird verhaftet. Die hygie-
nische Situation an Bord wird unerträglich.
Die Schüler der „Occanic Schools" müssen von Bord geholt werden. Der Traum
von einer „schwimmenden Schule" zer-
platzt.
Die Antarna geht in Colón/Panama vor
Anker.

1978 Acht Jahre beschäftigungsloses Dümpeln
an der Einfahrt zum Panamakanal haben
die „Antarna" zu einem Schrotthaufen
werden lassen.
Hartmut Paschburg, ein deutscher Kapitän

Mit Sea Cloud auf See

1978 auf Großer Fahrt mit einem Hang zum Abenteuer, inszeniert die „Wiederentdeckung" der alten SEA CLOUD und beschließt, das Schiff wieder in Fahrt zu setzen. In Hamburg gelingt es ihm, Kaufleute und Reeder als Geldgeber für das Projekt zu interessieren.
Das Schiff bekommt wieder seinen Traditionsnamen SEA CLOUD.
Mit 40 „Mann" einer von ihrer Aufgabe besessenen Besatzung (darunter zwei Frauen) holt Paschburg das Wrack nach Hamburg. Er fährt „den Kurs der spanischen Silbergaleonen".
Am 15. November trifft das Schiff im Elbehafen ein. Kurz darauf wird es nach Kiel verholt, um auf seiner Bauwerft, die jetzt Howaldtswerke heißt, instandgesetzt und in seiner Passagierkapazität erweitert zu werden.

1979 Beim 790. Hamburger Hafengeburtstag genießt die SEA CLOUD eine Starrolle unter den Großseglern.
Die neuen Eigner lassen die Yacht als Kreuzfahrtsegler im Mittelmeer und in der Karibik fahren.

1981 Die SEA CLOUD erhält erstmals nach dem Ankauf einen kompletten Satz neuer Segel.

1982 Im Oktober legt eine Boe das unter vollen Segeln fahrende Schiff auf die Seite. Die Rudermaschine fällt aus, die SEA CLOUD wird zeitweilig manövrierunfähig. Der Großmast und einige Rahen gehen zu Bruch. Etliche Segel werden zerfetzt.

1984 Im März gerät die SEA CLOUD auf einer Fahrt ins Mittelmeer mit einer unerfahrenen „Überführungsbesatzung" – und ohne Passagiere – auf dem Nordatlantik in einen Sturm. Die Brecher gehen so stark über Deck, daß die Bar vollständig zertrümmert wird und einige Kabinen unter Wasser stehen.

1986 Das Buch „SEA CLOUD – Legende unter weißen Segeln" erscheint in erster Auflage. Es ist die erste umfassende historische Darstellung der geschichtsträchtigen Luxusyacht.

1994 Die beiden Hamburger Schiffahrtskaufleute Hermann Ebel und Harald Block erwerben die SEA CLOUD. Das Schiff erhält eine umfassende „Verjüngungskur".

1997 Die SEA CLOUD erhält eine jüngere (und größere) Schwester (98 Passagiere). Die Kabinen werden im Stil der dreißiger Jahre gestaltet sein und damit an die Tradition der SEA CLOUD anknüpfen. 1999 wird das neue Kreuzfahrtschiff auf seine Jungfernreise gehen.

Impressum

Mit SEA CLOUD auf See
Zeichnungen: Kurt Schmischke
Texte: Kurt Grobecker

ISBN 3-88412-266-5
1. Auflage 1997
© by Edition Die Barque
im DSV-Verlag GmbH, Hamburg
Herausgeber: Peter Krampe

Dieses Werk einschließlich aller seiner Teile ist urheberrechtlich geschützt. Jede Verwertung außerhalb der engen Grenzen des Urheberrechtsgesetzes ist ohne Zustimmung des Verlages unzulässig und strafbar. Das gilt insbesondere für Vervielfältigungen, Übersetzungen, Microverfilmungen und die Einspeicherung und Verarbeitung in elektronischen Systemen.

Layout: machart, Hamburg
Lithografie: Reproform, Hamburg
Druck: C. H. Wäser, Bad Segeberg

Printed in Germany

Mit Sea Cloud auf See

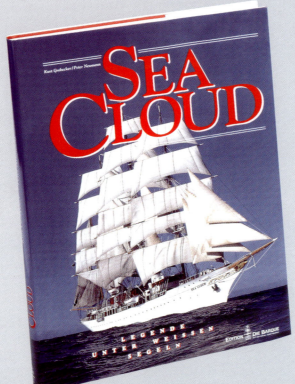

Auch als Fotoband.

IN Edition Die Barque
im DSV-Verlag